AF874001

MBAPPÉ

Ilustración de cubierta de Dan Leydon

Publicado originalmente por Dino Books,
un sello de Bonnier Books UK.

Avda. Diagonal, 662-664, 08034 Barcelona (España)
www.planetadelibrosinfantilyjuvenil.com
www.planetadelibros.com
infoinfantilyjuvenil@planeta.es
Primera edición: mayo de 2026
ISBN: 978-84-08-31761-6
Depósito legal: B. 24.936-2026
Impreso en España

El papel de este libro procede de bosques gestionados
de forma sostenible y de fuentes controladas.

MATT Y TOM OLDFIELD

SUPERCRACKS DEL FÚTBOL

MBAPPÉ

DEL PATIO
AL ESTADIO

PJ

SUPERCRACKS DEL FÚTBOL

Para todos los lectores,
jóvenes y no tan jóvenes

Matt Oldfield es un escritor de literatura infantil especializado en el maravilloso mundo del fútbol. Entre sus obras, destacan *Unbelievable Football* (ganadora del premio Children's Sports Book of the Year en 2020) y la serie *Johnny Ball: Football Genius*. Matt también imparte talleres de escritura en colegios.
Tom Oldfield es un escritor deportivo independiente y autor de biografías sobre Cristiano Ronaldo, Arsène Wenger y Rafael Nadal.

ÍNDICE

CAPÍTULO 1

DESDE RUSIA CON AMOR

El 14 de julio de 2018, Kylian envió un mensaje a sus millones de seguidores de las redes sociales desde Rusia: «Feliz Día Nacional de Francia a todos. ¡Esperemos que la fiesta continúe hasta mañana por la noche!».

Y es que, al día siguiente, el 15 de julio, la selección francesa jugaría la final de la Copa Mundial en el estadio Luzhnikí de Moscú. Era el partido de fútbol más importante que todo jugador podía disputar, y todo el país estaría pendiente.

Hasta la fecha, Kylian siempre había respondido a las expectativas. De hecho, se había convertido en la estrella de Francia al marcar el gol de la victoria contra Dinamarca y, en una actuación memorable, otros dos tantos que le valieron ser el mejor jugador del partido contra Argentina.

Sin duda, se había convertido en el mejor número 10 del país desde Zinedine Zidane en 1998.

En el año 1998 fue cuando Francia ganó por última vez la Copa Mundial.

También fue el año en que nació Kylian.

Gracias a su nueva joven estrella, la selección gala se había convertido en la gran favorita del torneo. Ya habían vencido a la Argentina de Lionel Messi, a la Uruguay de Luis Suárez en los cuartos de final y a la Bélgica de Eden Hazard en semifinales. Ahora, la única selección que se interponía en su camino era la Croacia de Luka Modrić.

«Habéis hecho un trabajo increíble para llegar hasta aquí», les dijo el seleccionador francés, Didier Deschamps, poco antes del inicio del encuentro, cuando los nervios empezaban a hacer mella. «Ahora solo tenéis que salir ahí fuera y rematar el trabajo».

Un enorme «¡Sí!» resonó por toda la sala. Pero solo lo podrían lograr si seguían remando todos juntos, en equipo, desde el capitán Hugo Lloris en la portería hasta Kylian, Antoine Griezmann y Olivier Giroud en ataque. Trabajando duro y trabajando en equipo.

Sin embargo, Kylian no estaba nervioso. ¡En absoluto! Él era el más tranquilo de todos. Nunca dejaba que nada le afectara.

Desde que era joven, estaba convencido de que jugaría una final de la Copa Mundial. Formaba parte de sus planes para conquistar el mundo del fútbol.

Antes de que el árbitro pitara el inicio de la gran final, Kylian cantó el himno nacional francés con una gran sonrisa. Cuando tenía cuatro años, algunos se habían reído de sus ambiciosos sueños. Ahora era él quien sonreía.

«¡Vamos a por ello!», animó Paul Pogba a sus compañeros mientras ocupaban sus posiciones.

Su conexión con Kylian era una de las grandes fortalezas del equipo galo. Cada vez que Paul recibía el balón en el centro del terreno de juego, buscaba a su veloz compañero con un pase perfecto.

Sin embargo, la primera intervención de Kylian en la final fue defensiva, cuando bajó a bloquear un peligroso centro de Croacia.

«¡Muy bien, Kylian!», gritó Samuel Umtiti, el central francés.

A partir de ahí, se centró en crear peligro en ataque.

Incluso en una final mundialista, Kylian no tenía miedo de encarar a los rivales. A veces, no se salía con la suya, pero eso no le frenaba.

La primera mitad fue de ida y vuelta, con un juego trepidante y múltiples ocasiones. Hasta que Antoine colgó un peligroso tiro libre y Mario Mandžukić remató el balón... ¡en propia puerta! Francia se adelantaba 1-0. Kylian levantó el puño al aire. ¡Menudo comienzo!

No obstante, Ivan Perišić logró el empate para Croacia, aunque, más tarde, él mismo cometió un penalti al tocar el balón con la mano dentro de su área. Antoine asumió la responsabilidad... y no falló: 2-1 para Francia.

Los jugadores recibieron con alivio el pitido del descanso. Necesitaban un respiro para recuperar el aliento. Aunque Francia iba ganando, todavía les quedaba trabajo por hacer si querían volver a ser campeones del mundo.

«Tenemos que calmarnos y controlar el juego. ¡Ahora hay que ser inteligentes!», les dijo Deschamps.

Kylian escuchó con atención el mensaje de su entrenador. Ahora era cuando más debía explotar su habilidad y su velocidad.

Sin duda, aquella era su oportunidad de entrar en la historia de la Copa Mundial.

Pelé en 1958.

Diego Maradona en 1986.

Zidane en 1998.

Ronaldo en 2002.

¿Kylian en 2018?

En la segunda mitad, las estrellas de Francia brillaron aún más. Kylian recibió un pase largo de Pogba y salió disparado dejando atrás al central croata. Pero, cuando parecía que marcaría su primer gol en una final de la Copa Mundial, el portero croata salió raudo y realizó una gran parada.

«¡Ooooh!», suspiraron los aficionados franceses, un poco decepcionados.

Sin embargo, unos minutos después, Pogba y Kylian volvieron a conectar. Desde la banda derecha, Kylian avanzó hacia la portería. El lateral izquierdo croata estaba en serios problemas. Tras hacer un amague, Kylian se coló en el área, y, en un abrir y cerrar de ojos, engañó al defensor con otro cambio rápido de dirección.

«¡Vamos!», animaban los aficionados galos a su joven estrella.

Dos jugadores croatas le cerraron el paso a Kylian, así que decidió pasarle la pelota a Antoine, quien se la dejó a Pogba, libre de marca. El primer disparo de Pogba lo rechazó un defensa, pero el balón le llegó de nuevo a sus pies y volvió a disparar para colar el balón por toda la escuadra. ¡3-1!

Kylian levantó los brazos al aire y corrió a felicitar a su amigo. Francia acariciaba la victoria.

Antoine y Pogba habían logrado marcar. Eso significaba que le tocaba el turno a Kylian. Debía espabilar, por si Deschamps decidía sustituirlo.

Minutos después, Kylian recibió el balón de Lucas Hernández. Se encontraba al menos a 10 metros del área. ¿Demasiado lejos para disparar a puerta? No, para Kylian no existía eso de «demasiado lejos». Dio un toque en corto hacia la derecha y ¡BANG! Colocó el esférico en la escuadra ante la mirada atónita del portero.

¡4-1! ¡Golazo!

Antes de que sus compañeros llegaran a felicitarlo, Kylian ejecutó su celebración característica. Tras un pequeño salto, plantó los pies, cruzó los brazos sobre el pecho e intentó parecer lo más calmado posible.

¡Esa última parte fue realmente complicada porque acababa de marcar en una final de la Copa Mundial!

Los siguientes 30 minutos pasaron muy despacio, hasta que, por fin, el partido terminó.

La selección francesa se impuso 4-2 a la croata; ¡eran los campeones del mundo!

Allez Les Bleus! Allez Les Bleus! Allez Les Bleus!

Kylian utilizó la última pizca de energía para correr por el campo, repartiendo abrazos a todo aquel con el que se cruzaba: a sus decepcionados rivales, a sus felices compañeros, a su entrenador... ¡A TODOS! En aquel momento increíble, habría abrazado a todos los franceses del mundo si hubiera podido. En su lugar, lanzó besos a las cámaras.

¡Desde Rusia con amor!

Y la noche increíble de Kylian aún no había terminado. Con la bandera de su país atada a la cintura, subió al escenario para recoger el premio al mejor jugador joven del torneo de manos de Emmanuel Macron.

«¡Gracias, ahora eres un héroe nacional!», le dijo orgulloso el presidente francés.

«¡Un placer, señor!», respondió Kylian.

¿Se desvanecería alguna vez su sonrisa? Mientras tuviera su medalla de campeón del mundo colgada al cuello y el precioso trofeo del Mundial entre sus manos, ¡imposible! Kylian besó la copa y la levantó bien alto al cielo nocturno de Moscú.

«¡Hurra!», vitorearon los aficionados.

Con tan solo diecinueve años, Kylian ya había logrado uno de sus grandes sueños. El chico de Bondy se había convertido en campeón del mundo y en una de las grandes estrellas del panorama futbolístico mundial.

CAPÍTULO 2

UNA FAMILIA DE DEPORTISTAS

«¿Y si no le gusta el deporte?», le susurró Wilfried Mbappé a su esposa, Fayza Lamari, mientras observaban a su hijo recién nacido que dormía plácidamente en la cuna. Wilfried era una persona a la que le encantaba sonreír, pero, en aquel momento, tenía una expresión de preocupación en el rostro.

Fayza sonrió y, a continuación, respondió en voz baja para no despertar al bebé:

«¿De verdad eso te importa tanto? Kylian podrá hacer lo que quiera, y lo querremos igual, sea como sea».

Su marido asintió, aunque su mujer sabía que seguía dándole vueltas en su cabeza.

«Relájate, Wilfried, es nuestro hijo, así que ¡por supuesto que le va a ENCANTAR el deporte!».

Con esos padres, Kylian estaba destinado a convertirse en una estrella del deporte.

El deporte favorito de Wilfried era el fútbol. Cuando era más joven, se había trasladado a Francia desde Camerún para mejorar laboralmente. Además, en Francia, Wilfried tuvo la suerte de encontrar a los dos grandes amores de su vida: su esposa Fayza y su club de fútbol local, el AS Bondy. Sus días como jugador ya habían quedado atrás, pero se convirtió en entrenador de un equipo juvenil.

El deporte favorito de Fayza era el balonmano. Era una de las jugadoras más destacadas del AS Bondy, equipo de la primera división francesa. Desde niña, Fayza recorría la banda derecha de arriba abajo; era una competidora nata. Estaba deseando volver a las pistas ahora que Kylian había nacido.

«¡Con vuestra madre no se mete nadie!», les decía con orgullo Wilfried a sus hijos.

Los Mbappé no solo eran una familia de deportistas, sino que, además, vivían en un barrio de París muy vinculado al deporte. Bondy había sido la cuna de muchos deportistas exitosos, desde atletas hasta jugadores de baloncesto y futbolistas.

¡El vecindario era un hervidero de talento deportivo!

El club deportivo AS Bondy estaba en el corazón del barrio, justo entre los comercios y los bloques de pisos. Mientras crecía, Kylian podía ver el campo desde las ventanas de su apartamento. Y eso le inspiraba.

El AS Bondy era un club donde personas de muchos orígenes francófonos distintos (Argelia, Marruecos, Túnez, Haití, Togo, Malí, Senegal, Costa de Marfil) podían reunirse y disfrutar juntas. Eso era muy importante, porque la vida no era fácil para la gente del barrio. Tenían que trabajar duro para poder sacar adelante a sus familias y ofrecerles la posibilidad de un futuro mejor.

Para los jóvenes de Bondy, el club era muy importante. Era su segundo hogar, un lugar donde podían desarrollar sus habilidades y, al mismo tiempo, mantenerse alejados de los problemas. Entrenadores como Wilfried trataban de inculcarles tres reglas imprescindibles para la vida:

1. Respetar a los demás.
2. Mantener los pies en el suelo.
3. Amar el deporte.

En el AS Bondy, los chicos podían olvidarse de sus problemas y centrarse únicamente en sus sueños deportivos.

En unos años, los niños del barrio podrían contemplar un gran mural con el rostro de Kylian y el lema «Bondy: ville des possibles». No, no era la zona más rica de París, pero sí era una «ciudad de posibilidades», donde, con esfuerzo y dedicación, se podía llegar a cumplir los sueños.

¿Y cuál era el sueño deportivo de Kylian? ¿Jugar al balonmano como su madre o al fútbol como su padre? Su hermano mayor adoptivo, Jirès Kembo Ekoko, se había convertido en la estrella del equipo de fútbol sub-10 de Wilfried. ¿Seguiría Kylian sus pasos?

O, tal vez, Kylian decidiría practicar un deporte distinto…

«Podrá hacer lo que quiera, y lo querremos igual, sea cual sea su decisión», le recordó Fayza a Wilfried.

Al joven Kylian le gustaba jugar al tenis y al baloncesto con sus amigos, pero tenía muy claro cuál era su deporte favorito. Y, para alegría de su padre, ese deporte resultó ser el fútbol.

CAPÍTULO 3

EL PEQUEÑO PRÍNCIPE DE BONDY

Kylian fue un niño muy precoz. A los dos años, ya era un rostro familiar en el vestuario del AS Bondy. Cuando los jugadores se preparaban para el partido, él ya correteaba a su lado con un balón bajo el brazo.

«¡Mira a quién tenemos aquí, a nuestra mascota, el Pequeño Príncipe de Bondy!», le saludaba el presidente del club, Athmane Airouche, con cariño. «¡Llegas justo a tiempo para la charla del equipo!».

Aunque Wilfried no estuviera presente, Kylian nunca ocasionaba problemas. Mientras el entrenador daba su charla, él se sentaba tranquilamente junto a los jugadores del AS Bondy y escuchaba. Antes de salir al campo, todos le chocaban los cinco. Era como su amuleto de la suerte.

«¿Vamos a ganar hoy?», le preguntaba el capitán a Kylian.

«¡Claro!», respondía con entusiasmo.

Después, Kylian salía a ver los partidos con un balón a sus pies.

A los seis años, Kylian ya tenía su futuro bastante claro.

«¿Qué quieres ser cuando crezcas?», le preguntó Wilfried mientras grababa la respuesta de su hijo.

«Quiero ser futbolista. Jugaré con la selección francesa y disputaré una Copa Mundial», respondió Kylian, sin dejar de mirar con confianza a la cámara de vídeo.

Fayza se esforzó mucho por no soltar una carcajada ante la expresión tan seria en el rostro de su hijo. ¡Era todo ambición! Cuando sonaba el himno nacional francés, Kylian lo cantaba con la mano sobre el corazón, igual que los jugadores que veía por la tele.

«Muy bien, ¿y en qué club te gustaría jugar?».

«¡En el Bondy!».

Kylian ya entrenaba con los juveniles. Su entrenador, Antonio Riccardi, era uno de los amigos más cercanos de Wilfried y Fayza, y lo conocía de sobra. Sin embargo, esa era la primera vez que lo vería jugar un partido contra niños de su misma edad.

«¡Guau!», exclamó Antonio.

Kylian era tan pequeño que la equipación verde del club le venía holgada, ¡pero jugaba al fútbol de maravilla!

Ya en el calentamiento, Antonio fue consciente de que tenía algo especial. Era mucho mejor que los demás chicos. A pesar de ser tan joven, parecía comprender el juego a la perfección. Kylian no se limitaba a chutar y a perseguir el balón como los otros niños; pensaba qué quería hacer con la pelota y luego lo ejecutaba.

No había duda de que Kylian se había empapado de todo lo que había oído y observado todos esos fines de semana junto con los adultos del primer equipo.

«¡Vamos, a practicar los regates!», ordenó Antonio.

El entrenador había colocado una fila de conos para que los niños los sortearan antes de chutar a portería. Parecía fácil, pero no lo era. Los primeros cuatro niños o iban demasiado rápido o demasiado despacio. O le daban con el balón a todos los conos o avanzaban como una tortuga somnolienta.

«¡A esa velocidad os quitarán la pelota en un periquete!», exclamó Antonio con la mayor amabilidad posible.

Por fin, llegó el turno de Kylian; no podía esperar para demostrar sus habilidades. Había estado practicando los regates en casa con su padre y con Jirès. Ahora era el momento de demostrar sus habilidades en el entrenamiento.

Uno, dos, tres, cuatro… Mientras Kylian corría entre los conos, llevaba el balón pegado a su pie derecho. No derribó ni tocó un solo cono.

«¡Excelente! ¡Ahora chuta!», gritó Antonio.

Pero, para entonces, Kylian ya estaba corriendo a recoger el balón del fondo de la red. Su disparo se había colado por la escuadra izquierda ante la mirada atónita del portero.

Kylian también destacó en el ejercicio de pases. El toque, el movimiento, la precisión… ¡parecía un profesional! Antonio quedó impresionado con el Pequeño Príncipe de Bondy. Había entrenado a muchos chicos prometedores en París, pero nunca había visto a un niño de seis años con tanto talento futbolístico. ¡Nunca!

«¿No será demasiado bueno para jugar con niños de su edad?», pensaba el entrenador incluso antes de empezar el partidillo del final de la sesión.

«¡Guau!», volvió a exclamar Antonio enseguida.

Junto con sus habilidades con el balón, Kylian también tenía una velocidad electrizante. Era una combinación tan letal que dejaba en evidencia a todos los chicos que intentaban detenerlo. Cada vez que recibía el balón, era gol seguro.

¡ZUM!

Kylian arrancaba a toda velocidad por la banda derecha, igual que su madre en la pista de balonmano. A veces, asistía a sus compañeros y, otras, marcaba él mismo.

1, 2, 3, 4, 5, ¡6-0!

«Vale, vamos a cambiar un poco los equipos. ¡Kylian, ponte el peto naranja!».

6-1, 6-2, 6-3, 6-4, 6-5, 6-6, 6-7, 6-8...

Al final, Antonio tuvo que parar el partido antes de tiempo porque no quería que sus jugadores se desanimaran demasiado. Kylian estaba a otro nivel...

Era mejor, más rápido y más astuto que todos los demás chicos.

Cuando terminó el entrenamiento, Antonio se fue enseguida a buscar a Wilfried.

«Creo que Kylian no debería jugar con los sub-7», le explicó.

«¿Por qué no? ¿Ha jugado muy mal?», respondió Wilfried, sorprendido.

«¡NO!», replicó el entrenador, riéndose ante la idea. «¡Todo lo contrario, ha sido absolutamente increíble! Es el mejor chico que he visto con esa edad. La liga sub-7 sería un paseo para él; se aburriría enseguida. ¡Necesita otro desafío!».

A los ocho años, Kylian ya jugaba con el equipo sub-11 del AS Bondy, y seguía destacando por encima de todos. Corría a toda velocidad hacia la cima. Su plan maestro para conquistar el mundo del fútbol marchaba a toda pastilla.

CAPÍTULO 4

FÚTBOL, FÚTBOL Y MÁS FÚTBOL

«De eso nada, ¡Thierry Henry es el mejor jugador francés de todos los tiempos!», discutía Kylian con Antonio de camino a casa. «¿No viste su gol en la semifinal de la Copa Mundial 2006 contra Brasil? ¡Y encima fue de volea!».

Si la sesión de entrenamiento en el club terminaba antes de que Wilfried y Fayza llegaran del trabajo, Antonio solía pasar por casa para cuidar a Kylian unas horas. Aunque, en realidad, más que cuidarlo, lo que hacía era conversar con él sobre fútbol, fútbol y más fútbol.

«Vale, pero ¿quién le puso ese balón en bandeja? Zinedine Zidane, ¡el mejor futbolista francés de todos los tiempos!».

«¿Y qué me dices de la final? Francia iba 1-1 contra Italia cuando Zidane se autoexpulsó. ¡Dejó tirado al equipo!».

«Eso es cierto, pero ¿quién marcó el gol de Francia en esa final? ¡Zizou!».

«¡Sí, pero de penalti! También lo hubiera marcado Henry si le hubieran dejado chutarlo».

«Puede ser, pero Zizou también ganó la Copa Mundial en 1998», replicó Antonio. «¡Esos dos cabezazos en la final contra Brasil fueron increíbles! Espera, ¿en qué año naciste?».

Kylian se rio. «¡En 1998!».

El entrenador del AS Bondy puso los ojos en blanco. A veces, se le olvidaba que estaba hablando con un chico tan joven. Era fácil hacerlo, porque Kylian no era un niño de nueve años cualquiera. Además de jugar al fútbol, también veía muchos partidos. Podía estar hablando apasionadamente de sus ídolos durante horas.

Cuando llegaron al apartamento, se pusieron a ver un partido en la tele mientras picaban y bebían algo. Pero, tras un rato sentado, Kylian volvió a levantarse de un salto y empezó a mover los muebles.

«Oye, ¿qué estás haciendo?», le preguntó Antonio.

«¡Preparar un campo de fútbol!», respondió.

El entrenador del AS Bondy meneó la cabeza.

«¡Ni hablar! Tus padres se van a enfadar si rompemos algo. ¿No puedes esperar hasta mañana para ir a jugar a la calle?».

Entonces, era Kylian quien negaba con la cabeza.

«No pasará nada. Tengo un balón blando y puedo jugar con él en casa. Pero tienes que prometerme que no se lo vas a contar a mamá y a papá, ¿vale? ¿Prometido?».

A Antonio le costaba mucho decirle que no a Kylian. Suspiró profundamente y dijo:

«Está bien, te lo prometo… ¡Pero solo 10 minutos!».

Esos 10 minutos se convirtieron en 30 entretenidísimos minutos de «Henry contra Zidane». Fue un milagro que no rompieran nada. El sofá era una portería, y la mesa, la otra. No había mucho espacio, así que todo era cuestión de ser rápido con los pies y de pensar igual de rápido. Kylian destacaba en ambas cosas y, además, contaba con la ventaja de jugar en casa. Se sabía de memoria todos los obstáculos del salón y los mejores ángulos para chutar.

El tiempo pasó volando hasta que Antonio miró el reloj y entró en pánico.

«¡Vale, pitido final!».

«Entonces, gano yo. El marcador refleja un 10-8 a favor de Henry», comentó Kylian con una sonrisa.

«Por esta vez, sí, pero pronto jugaremos la revancha. ¡Vamos, rápido, tu madre estará a punto de llegar! Tú coloca los muebles en su sitio mientras yo recojo las cosas de la cocina».

Cuando escucharon el sonido de la llave de Fayza en la cerradura, Kylian y Antonio estaban sentados tan tranquilos en el sofá, como si no hubiera sucedido nada. Ya habían pasado a su cuarta actividad futbolística de la noche: jugar al FIFA en la PlayStation.

«¡Hola, mamá!», gritó Kylian.

«Hola, cariño, ¿qué tal te ha ido el día?», le preguntó Fayza, tras dejar su bolso en la cocina.

Al no recibir respuesta, lo intentó de nuevo.

«Kylian, ¿qué tal tu día?».

«Lo siento, ahora no puedo hablar», le respondió su hijo, mientras pulsaba el mando con furia. «¡Thierry Henry está demasiado ocupado dándole una lección a Zinedine Zidane!».

CAPÍTULO 5

LOCO POR CRISTIANO

Thierry Henry era un jugador espectacular, pero pronto dejó de ser el futbolista favorito de Kylian. A partir de 2008, ese puesto lo ocupó Cristiano Ronaldo. Aquel año, la superestrella portuguesa ganó la Champions League con el Manchester United, y Kylian no se perdió ni uno de sus partidos.

Ronaldo era un extremo derecho rapidísimo y con muchísima calidad, que disfrutaba regateando a los defensas. Kylian nunca había visto a nadie hacer tantos regates en un partido profesional. ¡Era espectacular!

«¡Quiero jugar como él!», decidió.

Además, Ronaldo también tenía un físico imponente. Luchaba cada balón y sus remates de cabeza eran impresionantes, aspecto del juego en el que Kylian tenía que mejorar. Cuando el United se enfrentó al Chelsea en la final de la máxima competición europea, Kylian ya era el mayor fan de Ronaldo.

«¡Qué golazo!», gritó Kylian cuando su héroe conectó un cabezazo espectacular en la primera parte.

No dejaba de corretear por el salón con la camiseta levantada por encima de la cabeza.

«¡Nooooooo!», se lamentó Kylian dos horas más tarde, cuando Ronaldo falló su lanzamiento en la tanda de penaltis.

Sin embargo, al final, los jugadores del Chelsea John Terry y Nicolas Anelka también fallaron sus lanzamientos. De esa forma, ¡Ronaldo y el Manchester United se proclamaron campeones!

«¡Sí!», gritó Kylian.

Se había quitado la camiseta y la hacía girar por encima de la cabeza como el lazo de un vaquero.

Aparte del AS Bondy, Kylian no tenía un equipo de fútbol favorito. El Paris Saint-Germain era el club más importante de París, pero estaba pasando apuros en la parte baja de la tabla clasificatoria de la liga francesa. En cambio, tenía muchos futbolistas favoritos: Henry, Didier Drogba, Ronaldinho, Lionel Messi y, especialmente, Ronaldo.

«¡Aquí llega el nuevo Henry!», le saludó un día el presidente del AS Bondy, Athmane Airouche.

Kylian negó con la cabeza con firmeza y respondió:

«No, yo no juego como Thierry. Soy un regateador y creador de juego, además de goleador. ¡Llámame el nuevo Ronaldo!».

«¿El delantero mítico que jugó con Brasil?».

«No, ¡Cristiano!».

Kylian quería saberlo todo sobre su héroe. ¿Dónde había crecido? ¿Cómo había sido su vida? ¿Cómo entrenaba para tener ese físico? ¿Vivía en una mansión enorme, con sala de cine y piscina? ¿Qué botas de fútbol utilizaba? ¿Qué coches de lujo conducía y cuántos tenía?

«Cuando me convierta en un gran profesional, voy a comprarme DIEZ cochazos», le dijo un día a su padre, emocionado.

Wilfried puso los ojos en blanco.

«Paso a paso, hijo, no corras tanto. Primero tienes que seguir mejorando mucho... Además, necesitarás sacarte antes el carné de conducir. El fútbol no consiste en fama ni dinero, sino en éxito y gloria. ¿Es que no has aprendido nada en el club? ¿Cuál es la regla número dos?».

«Mantener los pies en el suelo».

«¡Exacto!»

El padre de Kylian tenía razón: aún le quedaba mucho camino por recorrer. En cambio, Wilfried se equivocaba respecto a la ambición de su hijo. El objetivo de Kylian era muy simple: ser el mejor.

El mejor futbolista del AS Bondy…

Luego, el mejor futbolista de París…

Después, el mejor futbolista de Francia…

Y, finalmente, el mejor futbolista del mundo, ¡incluso mejor que Ronaldo!

La Champions, la Copa Mundial, el Balón de Oro… Kylian quería ganarlo todo. Los coches deportivos serían solo un bonito extra, una recompensa por todo su trabajo.

Como fuente de inspiración, Kylian decidió decorar la pared de su habitación. Recortó fotos y pósteres de revistas de fútbol y de periódicos deportivos. Las fotos variaban, pero el jugador siempre era el mismo.

«¡Esto es como un museo de Ronaldo! ¡Estás obsesionado, tío!», bromeó Jirès.

Y el fervor de Kylian por su ídolo todavía aumentó más en 2009, cuando Ronaldo fichó por el Real Madrid... ¡por 94 millones de euros! La cifra supuso un nuevo récord por el traspaso de un jugador.

Tras el rojo del Manchester United y de Portugal, Cristiano pasaría a vestir la famosa camiseta blanca que habían llevado jugadores como Zizou y el brasileño Ronaldo.

Kylian tenía un nuevo equipo de fútbol favorito y pasaba horas viendo vídeos en YouTube de su héroe en España. Regates, fintas, faltas, remates de cabeza, disparos desde lejos... Si seguía mejorando sobre el terreno de juego, Kylian esperaba que, algún día, él también fuera el protagonista de un traspaso como el de Ronaldo. O quizá incluso superior...

CAPÍTULO 6

CLAIREFONTAINE

Cuando Kylian cumplió nueve años, la gente en París ya hablaba de «un chico increíble del Bondy». En todos sus partidos, siempre había un grupo de ojeadores observándolo.

Cuando cumplió trece años, Kylian estaba listo para dar el siguiente gran paso: unirse a una de las mejores academias de fútbol. Jugar en el AS Bondy era divertido, pero había llegado la hora de un nuevo desafío. Tras una dura prueba de tres días, fue uno de los 22 jóvenes de la región parisina seleccionados para asistir a Clairefontaine.

«¿Has conseguido entrar en Clairefontaine? ¡Guau, eso es genial!», le dijeron sus compañeros de clase con envidia.

Era la academia más famosa de Francia y una de las más conocidas del mundo. Allí habían comenzado sus carreras estrellas francesas como Nicolas Anelka, William Gallas y Thierry Henry. Para Kylian, entrar en Clairefontaine suponía dar un gigantesco salto en su carrera. ¡Estaba siguiendo los pasos de Thierry!

Durante los siguientes años, Kylian viviría en la academia de lunes a viernes y, los fines de semana, regresaría a casa para ver a su familia. Eso le parecía bien, sobre todo porque podía explorar las instalaciones de Clairefontaine. ¡Era como un palacio del fútbol!

El centro deportivo se encontraba a unos 30 kilómetros de París, en plena campiña francesa. Desde la ventana de su dormitorio, Kylian contemplaba preciosos campos de fútbol que se extendían hasta donde alcanzaba la vista. Y, por si fuera poco, además, contaba con:

- Un campo cubierto
- Un estadio completo
- Un gimnasio
- ¡Y también pistas de tenis!

«¿Puedo quedarme aquí para siempre?», bromeó con los entrenadores de Clairefontaine.

Esa era otra cosa increíble de la academia. Por muy bueno que hubiera sido el entrenamiento en el AS Bondy con Antonio y con su padre, aquello era diez veces mejor. Kylian trabajaba ahora con los mejores entrenadores juveniles de Francia y se medía con los mejores defensas jóvenes del país. ¿Sería lo suficientemente bueno para cumplir su sueño de convertirse en futbolista profesional? Precisamente estaba allí para responder a esa pregunta.

Cuando el director de Clairefontaine, Jean-Claude Lafargue, vio a Kylian en acción, advirtió de inmediato su asombroso talento natural, su habilidad con el balón y su increíble velocidad. Sin embargo, sabía que aquel talento necesitaba pulirse para brillar al más alto nivel.

«Todavía no es el mejor, pero, con la ayuda adecuada, podría llegar a serlo», pensaba Lafargue.

Los entrenadores de Clairefontaine se centraron en ayudar a Kylian a mejorar su juego con su pierna menos habilidosa, de modo que su regate se volviera aún más peligroso. Si podía arrancar en cualquiera de las dos direcciones, sería mucho más difícil pararle.

Amago a la izquierda, amago a la derecha, un pequeño salto... ¡y ADELANTE!

También ayudaron a Kylian a mejorar su técnica corriendo para que fuera aún más rápido. Seguía sintiéndose un tanto extraño cuando esprintaba con sus largos brazos balanceándose, pero sus compañeros no se reían cuando giraba y alcanzaba su máxima velocidad.

«¡Vamos, no os quedéis atrás!», bromeaba.

Pero, sobre todo, los entrenadores enseñaban a Kylian a mejorar sus movimientos. Esa era una de las grandes diferencias entre los buenos jugadores y los grandes jugadores.

No querían que se agotara corriendo sin sentido por el campo; pretendían que guardara su energía para hacer las carreras oportunas.

«¡Busca el espacio!», le gritaban.

«¿Qué vas a hacer cuando tengas el balón?», le preguntaban. «¡Tienes que adelantarte siempre a la jugada siguiente!».

«Si no encuentras espacio, ¡créalo para otro!», le decían.

Kylian no paraba de aprender, tanto en el aula como en el campo de entrenamiento. Y, luego, lo ponía en práctica sobre el césped. Marcaba cada vez más goles, tanto para el Clairefontaine como para su equipo de toda la vida, el AS Bondy.

«¡Mirad esto!», les decía a sus compañeros cuando jugaba con ellos los fines de semana.

Un toque para controlar el balón... ¡y a correr! ¡ZUM... GOL!

Kylian estaba decidido a convertirse en el mejor. Jugaba a todas horas, pero, a veces, eso no era suficiente. Quería que su vida fuera fútbol, fútbol, fútbol... ¡y aún más fútbol!

Cuando no podía dormir, Kylian se escapaba fuera para entrenar un poco más. Siempre guardaba un balón debajo de la cama por si acaso. Durante la noche, la academia apagaba sus grandes focos, pero él utilizaba la linterna del móvil para guiarse por las escaleras y saltar al campo.

Al aire libre y con un balón en los pies, Kylian podía por fin relajarse. Y, cuando nadie lo observaba, podía practicar en paz el último gol de Ronaldo:

«El jugador del Real Madrid Mbappé controla el balón en la banda izquierda...», relataba su propia jugada. «Gerard Piqué y Dani Alves le esperan en el borde del área del Barcelona, pero él los engaña con un simple amago. Mbappé finta hacia la derecha, pero pasa el balón a su pie izquierdo para disparar. ¡BANG! Directo entre las piernas del portero... ¡Goool!».

Hablaba en voz baja para que los entrenadores no lo escucharan y lo pillaran levantado a esas horas.

Kylian disfrutaba viviendo en la academia de Clairefontaine, pero era consciente de que solo se trataba de una etapa más de su trayectoria. A los quince años de edad, llegó la hora de afrontar nuevos y mayores retos.

Se había corrido la voz sobre el talento de Kylian, por lo que los clubes más importantes de Europa hacían cola para ficharlo. Tenía donde elegir; ¿por qué equipo se decantaría?

CAPÍTULO 7

UNA DECISIÓN COMPLICADA (PARTE I)

Uno de los equipos que esperaba fichar a Kylian era el Stade Rennais FC, más conocido como Rennes. No era uno de los clubes más importantes ni más ricos de Francia, pero tenía una gran ventaja: su hermano mayor ya jugaba en el primer equipo.

«Sería increíble que los dos pudiéramos jugar en el mismo equipo. ¡Imagínate cuántos goles podríamos marcar juntos!», intentó convencerlo Jirès.

Sin duda, era una opción muy tentadora. Kylian conocía muy bien el club. Cuando tenía siete años, solía practicar sus habilidades en el campo de al lado mientras Jirès jugaba con el equipo juvenil. Todos en Rennes recordaban a aquel niño de Bondy que siempre llevaba un balón pegado a los pies.

Seis años después, la gente empezó a llamar a aquel niño el «nuevo Henry». ¿Firmaría por el Rennes? Tal vez no, pero, sin duda, merecía la pena intentarlo.

«¿Le gustaría a su hijo jugar con nosotros en un torneo?», le preguntó uno de los entrenadores a Wilfried.

«¡Claro!», se adelantó Kylian.

Siempre estaba dispuesto a jugar a fútbol.

Con la camiseta roja del Rennes, Kylian destacaba por encima de todos. Cuando le llegaba el balón, era simplemente imparable.

«¡Qué jugador!», dijo entusiasmado el entrenador del Rennes. «Nos encantaría fichar a su hijo para nuestro equipo juvenil».

Sin embargo, Wilfried no tenía prisa por decidir. Quería asegurarse de que Kylian eligiera el club adecuado, donde fuera feliz y que le ofreciera el mejor futuro.

«Gracias, pero mi hijo tiene muchas ofertas que considerar», respondió con educación.

Una de esas otras muchas ofertas llegó del Chelsea FC, el campeón de la Premier League en 2010. Sus ojeadores recorrieron todo el continente europeo en busca de los mejores talentos jóvenes, y no tardaron en fijarse en Kylian, a quien invitaron a Londres para una prueba.

«¡Claro!», respondió él.

Siempre estaba dispuesto a jugar al fútbol.

Kylian disfrutó mucho de su estancia en el Chelsea. Era su primera experiencia en un gran club y estaba como en una nube.

¡Guau, el campo de entrenamiento era increíble!

¡Guau, el estadio de Stamford Bridge era genial!

¡Guau, allí se encontraba Didier Drogba, uno de sus héroes de la infancia!

Kylian pudo conocer a Drogba y, además, pudo jugar un poco al fútbol. Fue la estrella del equipo juvenil del Chelsea en la victoria por 8-0 frente al Charlton Athletic.

«Sería increíble que jugáramos en el mismo equipo», intentó convencerle su delantero, Tammy Abraham. «¡Imagínate cuántos goles podríamos marcar juntos!».

Sin duda, era una opción muy tentadora.

«¡Qué jugador!», dijeron entusiasmados los entrenadores del Chelsea. «Nos encantaría fichar a Kylian para nuestro equipo juvenil».

Sin embargo, Wilfried seguía sin querer precipitarse.

«Gracias, pero mi hijo tiene muchas ofertas que considerar», respondió con educación.

Kylian se marchó de Londres llevándose un grato recuerdo y una camiseta azul del Chelsea con su nombre y el número 10. Pronto, la colgó en la pared de su habitación, junto a todos los pósteres de Cristiano.

¿Qué ofertas recibió Kylian a continuación? Para resumir, todos los clubes de Francia se interesaron por su fichaje, además del Bayern Múnich, del Manchester City, del Manchester United, del Liverpool e incluso del Real Madrid.

El gigante español era uno de los clubes más importantes y ricos del mundo. Además, contaba con dos bazas importantes para convencer a Kylian:

1. Su entrenador era la leyenda francesa Zinedine Zidane.
2. Cristiano Ronaldo era su jugador estrella.

Zidane invitó a Kylian a pasar su decimocuarto cumpleaños en el Real Madrid.

«¡Claro!», respondió el joven.

Siempre estaba dispuesto a jugar al fútbol.

¡Fue el mejor regalo de cumpleaños de su vida! Cuando Kylian llegó a Madrid, Ronaldo no le dijo: «Sería increíble que jugáramos en el mismo equipo. ¡Imagínate cuántos goles podríamos marcar juntos!». Pero sí que pudo hacerse una foto con su ídolo.

Fue un momento que Kylian jamás olvidaría. Ataviado con un chándal blanco del Real Madrid, se quedó junto a Cristiano Ronaldo sin poder dejar de sonreír. La superestrella incluso le pasó el brazo por los hombros. No, no era un sueño: ¡tenía la foto que lo demostraba!

Kylian pasó una semana en la academia del Real Madrid, entrenando con algunos de los mejores jugadores jóvenes del mundo. Fue otra experiencia increíble, y confirmó lo que él y su familia ya sabían: podía competir al más alto nivel.

Algún día, sería el mejor.

«¡Qué jugador!», dijo Zidane con entusiasmo. «Nos encantaría fichar a su hijo para nuestro equipo juvenil».

Kylian tenía una oferta en firme del Real Madrid, pero Wilfried siguió sin querer precipitarse.

«Gracias, pero mi hijo tiene muchas ofertas que considerar», respondió con educación.

Sería la decisión más importante de la corta vida de Kylian. ¿Estaba listo para marcharse a vivir fuera de Francia? Durante su estancia en la academia de Clairefontaine, podía volver a Bondy todos los fines de semana.

Sin embargo, si se mudaba a Madrid, Kylian estaría mucho más lejos de sus amigos y de su familia. Eso suponía un reto muy duro para un chico de catorce años. Pero, al mismo tiempo, ¿podría rechazar una oferta del Real Madrid, el equipo donde brillaba Ronaldo?

«Ten en cuenta que no se trata de ahora o nunca», tranquilizó Fayza a su hijo. «Seguro que surgirá otra oportunidad más adelante. Si todavía no te apetece ir allí, no pasa nada. Quizá sea demasiado pronto y lo tengas más claro dentro de un tiempo».

CAPÍTULO 8

MÓNACO

Kylian había tomado una decisión. Rechazaría la oferta del Real Madrid y se quedaría cerca de sus amigos y de su familia en Francia.

Había decidido fichar por un equipo puntero que contaba con una academia de primer nivel, donde tendría la mejor oportunidad de ascender rápidamente al primer equipo. Por todas esas razones, Kylian eligió al Mónaco.

La cantera del Mónaco era la mejor de toda Francia. El club tenía más ojeadores en París que cualquier otro equipo de la Ligue 1, ¡incluido el conjunto local, el PSG! Y la familia Mbappé conocía a esos ojeadores desde hacía años, desde los primeros días de Kylian en el AS Bondy. Eran personas muy atentas, que, sin duda, velarían por el futuro de su hijo como futbolista.

«¡Vuestro hijo podría ser la próxima estrella del Mónaco!», seguían repitiéndole tanto a Wilfried como a Fayza.

Los padres de Kylian no tenían dudas al respecto, pero ¿sería el club adecuado para su hijo? ¡Sí! Cuando Kylian visitó el centro de entrenamiento del Mónaco, La Turbie, quedó muy impresionado. Las instalaciones eran tan grandes y modernas como las del Chelsea o las del Real Madrid.

Además, era una academia con mucha historia. Allí se habían formado cuatro de los jugadores galos que habían ganado el Mundial de 1998: el lateral derecho Lilian Thuram, el centrocampista Emmanuel Petit y los delanteros David Trezeguet y, especialmente, ¡Thierry Henry!

«Queremos que Kylian sea el próximo en engrosar esa lista», les dijo el director de la academia a los Mbappé durante la visita. «Este es el mejor lugar para que desarrolle su increíble talento».

¡Convencido! A Kylian le encantó ese plan. Era la oferta que había estado esperando.

«¡Bienvenido al club de fútbol más grande de Francia!», le dijo el director de la academia mientras le estrechaba la mano.

Sin embargo, cuando Kylian ingresó en la academia, el Mónaco llevaba 13 años sin ganar la liga francesa. De hecho, en 2011, incluso había descendido a la Ligue 2. Por suerte, un multimillonario ruso llamado Dmitry Rybolovlev había comprado el club y lo había devuelto a la máxima categoría.

«¡Voy a llevar al Mónaco de nuevo a la gloria!», declaró Kylian, muy confiado.

El club acababa de gastar más de 100 millones de euros en las estrellas colombianas Radamel Falcao y James Rodríguez, pero eso no significaba que no cuidaran a sus jóvenes talentos. Layvin Kurzawa, Yannick Carrasco, Valère Germain y Anthony Martial habían dado el salto del Mónaco B al primer equipo.

«¡Yo seré el siguiente!», dijo Kylian nada más llegar.

Estaba deseando impresionar a sus nuevos entrenadores y a sus compañeros. Tenía mucho que demostrar; más aún al ser calificado como «el nuevo Henry». Pero a Kylian no le importaba la presión. Estaba seguro de que podría controlarla.

No iba a permitir que nada le frenara para alcanzar sus objetivos. Siempre había querido ser el mejor.

Cada vez que recibía el balón en los entrenamientos, atacaba a toda velocidad. Estaba empeñado en demostrar su calidad desde el primer minuto.

«¡Excelente, Kylian!».

Dejaba atrás a su marcador, levantaba la cabeza y buscaba el pase, tal y como le habían enseñado en Clairefontaine. Si veía a alguien desmarcado, le servía el balón para que marcara.

«¡Gracias, Kylian!».

Si no, disparaba él mismo y casi nunca fallaba.

«¡Gran gol, Kylian!».

¿Sería el entrenador del Mónaco, Claudio Ranieri, consciente de sus progresos? Kylian esperaba que sí. Su plan era sencillo pero muy ambicioso. No quería quedarse sentado esperando pacientemente. Al final de sus tres años en la academia, su objetivo era jugar en el primer equipo. Le parecía un objetivo realista; era la razón por la que había elegido el Mónaco por delante de otros equipos.

Si Thierry lo había logrado con diecisiete años, Kylian también podía hacerlo.

CAPÍTULO 9

EL SALTO AL PRIMER EQUIPO

Sin embargo, tras un comienzo prometedor, el gran plan de Kylian en el Mónaco estuvo a punto de venirse abajo. Empezaba el último de sus tres años en la academia, y su sueño de llegar al primer equipo seguía pareciendo muy lejano. ¿Sabría el nuevo entrenador del Mónaco, Leonardo Jardim, que existía? Cada día, Kylian se impacientaba un poco más.

«¡No lo entiendo! ¿Qué estoy haciendo mal?», se quejaba ante Jirès.

Tanto en el AS Bondy como en Clairefontaine, Kylian había sido el favorito de los entrenadores y la gran estrella del equipo, pero las cosas habían cambiado. El entrenador del Mónaco sub-18 no parecía tenerlo en demasiada consideración. Siempre estaba criticándolo por algo.

«¡Baja a defender y ayuda al equipo!».

«¡Deja de perder balones! ¡Pasa la pelota!».

«¡Piensa antes de actuar!».

Kylian estaba haciendo todo lo posible por mejorar su juego, pero los comentarios de su entrenador estaban empezando a hacer mella en su confianza. Comenzó a cuestionarse si lograría que el Mónaco le ofreciera un contrato profesional. Sabía que Jirès entendería su frustración.

«Lo único que puedes hacer es intentar asumir sus comentarios y seguir trabajando duro. ¡Al final, todo saldrá bien!», le dijo su hermano mayor.

Aquellas palabras resultaron ser premonitorias. La hora de Kylian estaba a punto de llegar, e incluso antes de lo que él hubiera podido imaginar.

Hasta 2015, el Mónaco había apostado a invertir grandes sumas de dinero en jugadores extranjeros. Pero ese plan no había funcionado porque el club no podía competir con el PSG en el mercado de fichajes.

Por lo tanto, el vicepresidente del club, Vadim Vasilyev, y el director deportivo, Luis Campos, decidieron centrarse en desarrollar el talento joven francés. Los jugadores locales eran mucho más baratos y, potencialmente, mucho mejores.

Un día, Vasilyev recibió la visita de un entrenador de la cantera del Mónaco. Parecía preocupado.

«¿Qué ocurre?», le preguntó el vicepresidente.

«Tenemos a un chico con mucho talento en las categorías inferiores y creo que puede llegar a ser una estrella», le explicó el entrenador.

«Genial, ¿cómo se llama?».

«Kylian Mbappé».

«Vale, ¿y cuál es el problema?», preguntó Vasilyev, confundido. «¡Le ofreceremos un contrato profesional!».

Pero, lamentablemente, no era tan sencillo, porque Kylian no estaba muy contento en el Mónaco. No se sentía valorado por el club y no veía un camino claro hacia el primer equipo.

Además, los otros clubes no dejaban de preguntar por él. Tenía muchas ofertas que considerar antes de firmar su primer contrato profesional. El PSG estaba desesperado por arrebatárselo al Mónaco, y lo mismo ocurría con el Arsenal y el RB Leipzig.

Vasilyev fue a La Turbie para comprobar con sus propios ojos si era para tanto. No tardó en aceptar la evidencia. En apenas cinco minutos, el vicepresidente del Mónaco pudo comprobar que Kylian tenía un talento fuera de lo común.

No era solo su velocidad y su técnica, sino que también hacía gala de una enorme confianza y de un gran espíritu competitivo. Parecía tener todo lo que un jugador joven necesitaba para triunfar... y algo más.

«Vaya, ¿cómo es posible que no tuviera conocimiento de la existencia de este chico prodigio?», pensó para sí mismo.

Eso ya no importaba; lo primordial era retener a Kylian en el Mónaco. Que estuviera feliz con ellos. No podían permitirse que se marchara, y, menos aún, gratis. Vasilyev y Campos fueron a hablar con Wilfried y con Fayza para ver qué podían hacer para ayudar.

«Kylian quiere jugar en el primer equipo», dijo su padre. «Es así de simple. Sé que solo tiene dieciséis años, pero mi hijo es muy ambicioso. ¡Y muy talentoso!».

Vasilyev y Campos asintieron. «Por supuesto, es uno de los jóvenes con más talento que hemos visto nunca. Déjenlo en nuestras manos; haremos que empiece a entrenarse con el primer equipo lo antes posible».

La primera oportunidad de Kylian llegó en noviembre de 2015. Muchas de las estrellas del Mónaco estaban concentradas con sus selecciones nacionales, así que Jardim tuvo que llamar a jugadores de refuerzo para completar los entrenamientos del primer equipo.

«Llama a Mbappé. Créeme, te va a impresionar», le aconsejó Vasilyev.

Kylian se mostró exultante tras recibir la buena noticia. ¡Por fin! Mantuvo la calma al entrar en el vestuario del primer equipo y también más tarde, cuando saltó al campo de entrenamiento con los mayores. Creía en sí mismo. Aquel era su sitio. No veía la hora de demostrarle a Jardim todo lo que se había estado perdiendo.

¡ZAS! Kylian dejó atrás a los defensas más experimentados del Mónaco en un abrir y cerrar de ojos. Tenía que asegurarse de terminar la jugada con un gol o con una asistencia. Tenía que ser más constante; eso era lo que siempre le repetía el entrenador del filial. Kylian levantó la cabeza para ver si había algún compañero a quien pasarle el balón. No, no podían seguirle el ritmo. Tendría que finalizar él solo la jugada.

El último defensa reculó un poco, preguntándose por dónde saldría Kylian…

Amago a la izquierda, amago a la derecha, un pequeño salto y… ¡ZAS!

Kylian aceleró y mandó el balón al fondo de la red, superando al portero.

¡Goool!

Jardim se quedó impresionado con la actuación de Kylian.

«Vaya, ¿cómo es posible que no tuviera conocimiento de la existencia de este chico prodigio?», le preguntó a Vasilyev.

El vicepresidente se rio.

«Yo me hice exactamente la misma pregunta la primera vez que le vi jugar».

«Pues no va a volver al equipo juvenil. Desde ahora mismo, es jugador del primer equipo del Mónaco», decidió Jardim al instante.

CAPÍTULO 10

EL NUEVO HENRY

Algunos jugadores jóvenes pasan mucho tiempo entrenando con el primer equipo antes de debutar, pero ese no fue el caso de Kylian.

Él era un héroe precoz, ¿y quién iba a detenerlo?

En diciembre de 2015, menos de un mes después de su primer entrenamiento, ¡ya lo convocaron para un partido con el primer equipo!

Jugaban en casa contra el SM Caen. El estadio podía albergar hasta 18 000 espectadores, aunque solo se llenaba en los grandes partidos contra rivales como el PSG.

Para presenciar el debut de Kylian contra el Caen había apenas 5000 personas. Bueno, eso, claro, siempre y cuando Jardim decidiera sacarlo…

«Colega, ¡esta noche podrías hacer historia!», le dijo su compañero Tiémoué Bakayoko mientras seguían la primera parte desde el banquillo.

Kylian se limitó a sonreír y asintió. Era lo que siempre había querido: batir récords. Si llegaba a entrar al campo, se iba a convertir en el debutante más joven del primer equipo del Mónaco. Aún le faltaban 18 días para cumplir diecisiete años. ¿Y a quién le arrebataría el récord? ¡A Thierry Henry! Eso lo hacía aún más especial.

El Mónaco había tenido problemas para marcar goles durante toda la temporada. El equipo se adelantó contra el Caen, pero, a cinco minutos del final, Ronny Rodelin logró empatar.

Un empate no servía; el Mónaco necesitaba ganar. Jardim miró hacia el banquillo. Ya había sacado a su extremo portugués, Hélder Costa.

¿Quiénes eran el resto de suplentes disponibles?

Paul Nardi: portero.

Andrea Raggi: defensa.

Gabriel Boschilia y Tiémoué: centrocampistas.

¡Y Kylian!

Dar entrada a un jugador de dieciséis años siempre suponía un riesgo, pero Jardim pensó que la velocidad y la técnica de Kylian podían ser letales contra la defensa cansada del Caen. Era la mejor opción que tenía el Mónaco.

«Kylian, prepárate», gritó uno de los entrenadores, que trasmitía el mensaje del técnico. «¡Entras ya!».

En la banda, Kylian se metió la camiseta roja y blanca con el número 33 por dentro de los pantalones cortos y esperó a que el cuarto árbitro levantara el cartel electrónico. El Mónaco iba a por todas. Kylian jugaría en la banda izquierda, en lugar del lateral Fábio Coentrão.

«Suerte, chaval. ¡Hazles pasar un mal rato!», le dijo Fábio mientras le chocaba los cinco.

«¡Lo intentaré!».

Kylian no tardó en hacerse con el esférico. Controló el pase de Bernardo Silva y pensó en encarar al lateral derecho del Caen para adentrarse en el área rival. ¿Y si intentaba superarlo con su velocidad? No, aún no. Decidió jugar seguro y devolver el balón a Bernardo.

«¡La próxima vez!», pensó Kylian para sí mismo.

Cuando Bernardo le pasó de nuevo el balón, Kylian fingió recortar hacia el centro para luego escaparse por la banda a toda velocidad. Al final, un defensor lo paró con una falta, pero los aficionados del Mónaco ya estaban impresionados.

«¡Ese chaval es increíble!».

Kylian no paraba de moverse y de pedir el balón. Mantuvo la calma para elegir buenos pases y no dudó en encarar a sus rivales. No sentía miedo alguno.

Pese a todo, Kylian no consiguió marcar el gol de la victoria, pero mostró su enorme potencial aquella noche contra el Caen. Había nacido una estrella.

«No te arrugas ante nada, ¿eh, chaval?», se rio Tiémoué, mientras felicitaba a Kylian al final del partido. «¡Hoy lo has bordado ahí fuera!».

El niño prodigio del Mónaco, sin embargo, no se dejaba llevar por la euforia.

«Sí, pero no hemos ganado. No he logrado marcar», respondió.

Kylian había soñado con su primer gol como profesional desde que tenía cuatro años. ¿Cómo se sentiría? ¿Cómo lo celebraría? ¿Cómo sería ese tanto?

Resultó ser un disparo con la zurda desde cerca del punto de penalti. En el último minuto de un partido en casa contra el ESTAC Troyes, Hélder centró desde la banda izquierda. Había dos jugadores esperando el balón: Tiémoué y Kylian, que había esprintado desde la línea del medio campo para anticiparse a la defensa. Estaba decidido a marcar.

¡Goool!

¡3-1!

Cuando su disparo besó la red, Kylian se giró y levantó los brazos al aire. No solo era su primer gol, sino que había hecho historia en el Mónaco de nuevo. Se había convertido en el goleador más joven de la historia del club con diecisiete años y sesenta y dos días. ¿Y a quién le había arrebatado el récord? ¡De nuevo a Thierry Henry! Eso lo hacía aún más especial.

«Genial, buen remate, pero ¡la próxima vez me toca a mí!», comentó Tiémoué con una sonrisa mientras celebraban el tanto.

Kylian disfrutaba jugando con el primer equipo del Mónaco, pero todavía no había firmado su primer contrato profesional. Eso preocupaba mucho a Vasilyev. ¿Habría hecho el club lo suficiente para convencer a Kylian de que se quedara? ¿O se lo arrebataría el PSG con una oferta económica mucho más suculenta?

No. El 6 de marzo de 2016, Kylian firmó un contrato de tres años con el Mónaco. Estaba donde quería estar: jugando regularmente con el primer equipo. Todavía no era titular indiscutible, pero ya disputaba muchos minutos.

«Estoy muy feliz y muy orgulloso de firmar mi primer contrato profesional. Este es el club que me ha ayudado a crecer. Me siento muy a gusto aquí», afirmó Kylian en la página web del club.

«Venga, ¡ha llegado la hora de empezar a ganar algunos trofeos!», dijo Kylian a sus compañeros.

El Mónaco terminó la temporada 2015-16 en tercera posición de la Ligue 1, a nada menos que 31 puntos del campeón, el PSG. No obstante, la buena noticia era que se habían clasificado para la Champions League. Kylian estaba muy ilusionado por ello. En los 35 minutos que había jugado en la Europa League contra el Tottenham, ya había logrado asistir a Stephan El Shaarawy para que marcara un gol.

Ahora, Kylian estaba impaciente por debutar en la Champions League. Era la prueba definitiva para cualquier estrella del fútbol. ¡Quizá incluso le tocaría enfrentarse al Real Madrid de Cristiano Ronaldo!

A pesar de su progresión, la etapa de Kylian con el filial del Mónaco no se había cerrado del todo. El equipo sub-19 había llegado a la final de la Coupe Gambardella contra el RC Lens, y necesitaba a su niño prodigio de diecisiete años.

«¡Claro!», dijo Kylian.

Siempre estaba dispuesto a jugar al fútbol.

El partido se disputó en el Stade de France parisino, y Kylian fue el héroe del Mónaco. Puso en bandeja el primer gol para su compañero de ataque, Irvin Cardona, con un pase magistral sin mirar.

¡1-0!

Y la segunda mitad fue un auténtico espectáculo de Mbappé. Se valió de su velocidad y de su potencia para superar a la defensa del Lens y, luego, le hizo un caño al portero.

¡2-0!

¡Goool!

Pero Kylian había guardado su mejor jugada para el final. Tras recibir el balón al borde del área, le encimaron cuatro defensores.

Parecía poco menos que imposible salir airoso de la jugada, pero lo logró tras amagar y salir esprintando a toda velocidad.

¡3-0!

«¡Tío, eres tan bueno que no es justo!», bromeó Irvin.

Mientras el Mónaco levantaba la copa, Kylian celebraba saltando arriba y abajo con sus compañeros, sin desprenderse del trofeo. No quería soltarlo, aunque sería el primero de muchos.

CAPÍTULO 11

CAMPEÓN DE EUROPA

Hacia julio de 2016, Kylian ya se había convertido en una estrella tanto en su club como en la selección. Por el origen de sus padres, podría haber elegido jugar con Camerún o con Argelia, pero decidió hacerlo con Francia. Al fin y al cabo, allí había nacido y vivido toda su vida. Además, quería ser «el Nuevo Henry».

«Si me lo proponen, quiero jugar con la selección francesa», decidió Kylian.

El joven Kylian jugó dos partidos con la selección sub-17, pero, después, su carrera con Francia se estancó. El entrenador del seleccionado sub-18, Jean-Claude Giuntini, se negó a convocarlo. Al igual que su antiguo entrenador de la cantera del Mónaco, Giuntini pensaba que Kylian era demasiado irregular, demasiado egoísta, y que no era un jugador de equipo.

Giuntini transmitió esa opinión al entrenador sub-19, Ludovic Batelli, pero, por suerte, este no le hizo caso. Sí, Kylian aún tenía diecisiete años, pero ya estaba brillando en la Ligue 1 con el Mónaco. Además, Batelli necesitaba desesperadamente a una nueva estrella, porque acababa de perder a su mejor jugador, Ousmane Dembélé, que había ascendido al combinado sub-21.

«Vamos, chaval, a ver de lo que eres capaz», le dijo el entrenador a Kylian.

Francia estaba en plena fase de clasificación para el Europeo sub-19. Solo ocho equipos llegarían a la fase final que se disputaría en Alemania. Para conseguirlo, el conjunto galo necesitaba ganar sus tres últimos partidos contra Montenegro, Dinamarca y Serbia.

El equipo de Batelli contaba con una base sólida, formada por Issa Diop en defensa, Lucas Tousart y Ludovic Blas en el centro del campo, y Jean-Kévin Augustin en ataque. No obstante, tras la marcha de Ousmane, les faltaba chispa. Ahí es donde entraba Kylian…

«Bienvenido al equipo», le saludó Lucas, el capitán. «¡He oído cosas increíbles sobre ti!».

Kylian no solo era el último jugador que se había incorporado al grupo, sino también el más joven. ¿Tendría problemas para hacer amigos? No, porque había estado jugando en categorías superiores toda su vida.

«¿Estás seguro de que solo tienes diecisiete años? Por cómo te comportas, ¡parece que tengas setenta y siete!», bromeó Jean-Kévin.

Sin embargo, Kylian no jugaba al fútbol como un hombre de setenta y siete años. En el partido contra Montenegro, fue el jugador más peligroso de Francia. Apareciera por la banda izquierda o por la derecha, siempre representaba una amenaza. Estuvo a punto de lograr varios goles e hizo grandes pases. Pero, al final, fue Ludovic quien marcó el único gol del partido.

«¡No puedo perdonar tantos goles!», se dijo Kylian con rabia.

Dos días después, se resarció contra Dinamarca al marcar el primer tanto de la goleada por 4-0. Francia solo necesitaba una última victoria. En el encuentro contra Serbia, Jean-Kévin se deshizo de varios rivales y pasó el balón a Kylian, abierto en la banda derecha. «¡Tienes que rematar la jugada!», pensó. Controló el balón, levantó la vista y… ¡BANG! ¡Golazo!

Kylian y Jean-Kévin chocaron los cinco.

«¡Nos vamos a Alemania!», gritaron al unísono.

En la banda, Batelli apretó el puño en el aire. Su decisión de apostar por Kylian estaba dando sus frutos. ¿Serían capaces de ganar el Europeo sub-19? ¿Por qué no? La última vez que la selección gala lo había conquistado había sido en 2010, cuando contaban con un ataque formado por Antoine Griezmann y Alexandre Lacazette. Ahora tenían a Kylian y a Jean-Kévin.

Francia quedó encuadrada en el Grupo B junto a Inglaterra, Croacia y los Países Bajos. Kylian no solía preocuparse demasiado por los rivales. Sabía que, cuando estaba a su mejor nivel, era capaz de ganar a cualquiera. Lamentablemente, no cuajó un buen partido en el primer enfrentamiento contra Inglaterra. Batelli lo sustituyó a los 70 minutos, cuando Francia caía por 2-1.

«No te preocupes, todos tenemos días malos», le dijo su entrenador. «¡Dentro de tres días volveremos a intentarlo!».

Jean-Kévin marcó el primer gol de Francia contra Croacia, y Kylian anotó el segundo. Controló de maravilla un balón largo de Issa, regateó al portero y empujó la pelota al fondo de la red. Hizo que pareciera facilísimo.

«¡Así sí!», gritó Kylian con pasión mientras se dejaba caer de rodillas sobre el césped.

Ya no había quien frenara a Francia, y menos aún a su delantera estelar. Entre ellos había una rivalidad sana: ¿quién marcaría más goles? Contra los Países Bajos, Kylian hizo dos, ¡pero Jean-Kévin logró tres tantos!

«Esta vez gano yo», le dijo Jean-Kévin a Kylian mientras abandonaba el terreno de juego con el balón del partido.

En la semifinal contra Portugal, le tocó brillar a Kylian. Francia ya iba perdiendo 1-0 a los dos minutos del encuentro, pero la selección francesa no tardó en reaccionar. Escorado en la banda izquierda, Kylian parecía un tanto aislado del juego. Pero, de repente… ¡ZAS! Se abrió paso gracias a su potencia, superó al lateral derecho portugués y puso un centro perfecto para Ludovic.

¡1-1!

«¡Vamos!», gritó Kylian mientras todo el equipo se abrazaba.

En la segunda parte, Clément Michelin centró desde la derecha y Kylian metió la puntera para empujar el balón a la red.

¡2-1!

Lo celebró tal y como lo hacía su ídolo, con un salto y un giro sobre sí mismo.

«¡Muy bien, Cristiano!», bromeó Ludovic.

Sin embargo, el segundo gol de Kylian recordó todavía más a los de Ronaldo. Se elevó con potencia para cabecear el balón y batir al portero portugués.

¡3-1!

Kylian fue el héroe de Francia y guio a su selección hasta la final del Europeo contra Italia.

«Vale, esta vez ganas tú», admitió Jean-Kévin.

A falta de un último partido por disputar, las dos jóvenes estrellas atacantes de Francia estaban empatadas a cinco goles. ¿Quién se llevaría la Bota de Oro?

Contra Italia, Jean-Kévin marcó su sexto gol en el minuto seis de partido. ¡1-0 para Francia!

Por su parte, Kylian protagonizó una jugada en la que se internó regateando en el área italiana, pero su disparo se marchó fuera.

«¡No!», gritó, dándose un golpe en la pierna con frustración.

Al final, Jean-Kévin se llevó la Bota de Oro y el premio al mejor jugador. Pero eso daba igual, porque, tras una victoria por 4-0, ¡Francia se proclamó campeona de Europa! Kylian había jugado un papel crucial para lograr ese gran éxito con tan solo diecisiete años. Sumaba así otra medalla de campeón a su colección.

«¡Enhorabuena!», gritaron con orgullo los padres de Kylian cuando se reencontraron con él más tarde.

«¡Un gran trabajo!», dijo Athmane Airouche, presidente del AS Bondy, al felicitarlo. Había viajado hasta Alemania para animar a su antiguo jugador. «¡Espero que esta noche montes una gran fiesta!».

Kylian se encogió de hombros. «Algunos de los chicos van a salir, pero yo estoy cansado. Creo que me iré directamente a la cama».

Para Kylian, no era más que otro objetivo cumplido. Al día siguiente, ya estaba pensando en el siguiente reto: ganar más títulos con el Mónaco.

CAPÍTULO 12

EL HÉROE DEL *HAT-TRICK*

En apenas seis meses, Kylian había disputado su primer partido con el primer equipo, había marcado su primer gol como profesional, había firmado su primer contrato profesional y había ganado el Europeo sub-19 con Francia. ¡Y todo eso con solo diecisiete años!

Por lo tanto, no era de extrañar que se sintiera repleto de confianza cuando llegó el arranque la temporada 2016-17 de la Ligue 1 francesa. Kylian se sentía preparado para pelear por más minutos en el Mónaco. Quería demostrarle a Jardim que merecía jugar algo más que los últimos 20 minutos de los partidos. ¡Quería disputar cada minuto de cada encuentro! Pero, para lograrlo, necesitaba empezar la nueva temporada como un tiro.

Kylian estaba ansioso por disputar el primer partido contra el EA Guingamp. Saldría de titular en la delantera junto a Guido Carrillo, con Tiémoué y Thomas Lemar en el centro del campo. ¡Pintaba de maravilla! Sin embargo, pronto se convirtió en una pesadilla.

Primero, porque el Mónaco se vio 2-0 por debajo en el marcador, y después, cuando Kylian intentaba hacer lo posible por liderar la remontada, porque sufrió un golpe en la cabeza que le obligó a retirarse.

«¿Cómo? No, ¡estoy bien para seguir!», protestó, pero los médicos del equipo se mantuvieron firmes. No podía continuar por si se trataba de una conmoción cerebral grave.

Durante los dos meses siguientes, Kylian tuvo que esperar su oportunidad en el banquillo. El Mónaco estaba jugando bien sin él, e incluso llegó a ganar al PSG. ¿Cuándo volvería Jardim a ponerlo de titular? Kylian seguía siendo tan impaciente como siempre.

Por fin, regresó al equipo inicial contra el Montpellier. Y se tomó el encuentro como una reválida para demostrar que el entrenador no se había equivocado. Avanzado el encuentro, se internó en el área; dos defensas le salieron al cruce, pero no tenía a ningún compañero al que pasar el balón. Amagó con centrar con la derecha, pero cambió rápidamente a la izquierda. Justo cuando iba a disparar, uno de los defensas le hizo falta. ¡Penalti!

«¡Bien hecho, chaval!», le felicitó Radamel Falcao cuando le ayudó a incorporarse.

Más tarde, Kylian fue el autor del segundo gol del Mónaco con un habilidoso remate de cabeza, y, luego, asistió a Valère Germain para que anotara el cuarto tanto.

Después de semejante actuación, ¿cómo iba Jardim a dejarlo fuera del equipo titular? No obstante, durante los dos meses siguientes, Kylian alternó titularidades con suplencias. Jugaba un partidazo y, después, otro bastante normalito. Eso no era suficiente. Sabía que tenía que ser más regular, y el partido de la Copa de la Liga de diciembre de 2016 contra el Rennes era un buen punto de partida.

Kylian tiró un desmarque y controló el pase al espacio de Boschilia. Acto seguido, colocó el balón con rosca lejos del alcance del portero.

¡Golazo!

«¡Vamos!», rugió, mientras apretaba el puño hacia la grada.

Solo diez minutos después, Kylian empujó a la red el centro de Nabil Dirar.

¡2-0!

«¡Toma ya!», celebró con un salto a los brazos de Nabil.

A Kylian le quedaban 70 minutos más para completar su primer *hat-trick* como profesional. Seguro que podía lograrlo. El tiempo pasaba rápido, pero no perdía la esperanza. Solo necesitaba una ocasión. Por fin, en la segunda parte, João Moutinho le puso un pase perfecto y Kylian no falló: 4-0. ¡Se había convertido en el héroe del partido con sus tres tantos!

«¡Gracias!», gritó Kylian antes de chocar la mano con João y darle un abrazo. ¡Menuda forma de celebrar su decimoctavo cumpleaños!

Kylian se mentalizó para mantener su racha goleadora en la Ligue 1. No había tiempo que perder. Contra el FC Metz, formó ataque junto a João, Radamel, Boschilia, Bernardo y Fabinho; ¡menuda línea ofensiva! Sí, Kylian tenía muy buenas sensaciones para ese partido…

João elevó el esférico por encima de la defensa hacia Radamel, que bajó la pelota de cabeza para Kylian, quien, con la zurda, colocó con calma el balón en el palo largo. ¡1-0!

«¡Gracias, socio!», exclamó Kylian con una sonrisa, señalando hacia Radamel.

Se habían convertido en la nueva pareja de moda del ataque del Mónaco, igual que lo habían sido Kylian y Jean-Kévin con la selección francesa sub-19. La velocidad y la calidad de Kylian, combinadas con la fuerza y la experiencia de Radamel... El Metz estaba en serios apuros.

Radamel remató a gol un centro desde la derecha. ¡2-0!

Kylian corrió al espacio para recoger un balón largo de Fabinho, se perfiló con la derecha y marcó. ¡3-0!

«¡Vamos!», gritó mientras golpeaba el aire con el puño.

Era el momento de firmar otro *hat-trick*. Boschilia filtró un pase magnífico para Kylian. Cuando el portero salió a achicar espacios, lo superó por arriba con un sutil toque.

¡4-0! ¡Otro *hat-trick*!

Kylian se quedó parado, con el brazo izquierdo en alto y una enorme sonrisa en la cara. ¡Qué sensación! Los aficionados del Mónaco agitaban sus banderas rojas y blancas, y coreaban su nombre:

«¡Mbappé! ¡Mbappé! ¡Mbappé!».

Todavía hubo tiempo para que Radamel marcara su segundo gol. ¡5-0!

«¡Si seguimos así, el título no se nos puede escapar!», exclamó Kylian, eufórico.

Estaban jugando de maravilla juntos. A falta de 13 partidos por disputarse, el Mónaco lideraba la liga gala, con tres puntos de ventaja sobre su rival, el PSG. Los aficionados se mostraban esperanzados tras 17 años de decepciones. Kylian y sus compañeros no podían fallarles.

«Tenemos que ir partido a partido. Hay que aprovechar nuestra oportunidad para hacer algo grande», les dijo Jardim a sus jugadores.

Kylian hizo exactamente lo que le pidió su entrenador. Contra el Nantes, marcó su primer gol a los cuatro minutos. Y justo antes del descanso, desvió hacia la red un centro espectacular de Bernardo, superando al portero.

¡Goool!

Kylian rugió hacia la grada, y levantó ambos puños. Era otro momento especial para él. Acababa de marcar su décimo gol en la Ligue 1, lo que lo se convertía en el jugador más joven en lograrlo en los últimos 30 años. Había llegado el momento de pasar página del apodo de «el nuevo Henry»: ¡Kylian iba camino de convertirse en el mejor jugador de todos los tiempos!

«¿Le sorprende lo bien que está jugando Mbappé?», le preguntaron los periodistas a Jardim.

El nuevo niño prodigio del fútbol francés estaba empezando a acaparar toda la atención.

«No, en absoluto», respondió el entrenador del Mónaco. «He trabajado con él a diario desde que tenía diecisiete años. Sabemos que es un jugador de muchísima calidad y con un futuro espectacular por delante».

¡Kylian estaba firmando una temporada espectacular! Sus números eran impresionantes: promediaba un gol o una asistencia cada 60 minutos. Pero ¿sería capaz de mantener ese nivel? No tenía duda. Se sentía pletórico de confianza.

CAPÍTULO 13

MAGIA CONTRA EL MANCHESTER CITY

¿Le resultaría igual de sencillo ver puerta en Europa? La Champions League era la competición de clubes más importante del mundo. Era donde una estrella podía convertirse en superestrella. Messi, Cristiano, Neymar Jr... ¿Sería Kylian el siguiente?

Sin embargo, en la fase de grupos, solo disputó 25 minutos de los seis partidos en los que participó el Mónaco: trece minutos contra el Bayer Leverkusen y doce contra el CSKA de Moscú. Con una participación tan escasa, era imposible destacar.

«Soy rápido, pero no tanto», bromeó Kylian con Jirès.

Pero eso fue antes de convertirse en el héroe de los *hat-tricks*.

Para cuando empezó la ronda de octavos de final en febrero de 2017, la pareja formada por Radamel y Kylian estaba ya más que consolidada. ¿Sería por fin titular en un partido de la Champions League? El encuentro se disputaría nada menos que contra el Manchester City de Pep Guardiola, y a domicilio.

¡Sí! Su nombre y su dorsal estaban en la pizarra: MBAPPÉ, 29. Kylian se hubiera puesto a correr de alegría, pero decidió tomárselo con calma. ¿Debutar en la Champions League con apenas dieciocho años? ¡No era para tanto!

«Gracias, míster, no le fallaré», dijo Kylian, con una mirada seria en su joven rostro.

Más de 53 000 aficionados abarrotaban el Etihad Stadium para disfrutar del partido más importante de la temporada hasta ese momento.

Al salir del túnel y pisar el césped, Kylian sentía todo su cuerpo vibrar. ¡Ambas hinchadas hacían un ruido ensordecedor! Era incluso mejor de lo que había imaginado en sus sueños de la infancia.

«Ataca por la banda derecha siempre que puedas», le dijo Radamel mientras esperaban para hacer el saque inicial. «¡Fernandinho es centrocampista, no lateral izquierdo!».

«¡Eso haré!».

El City logró marcar en primer lugar, pero el Mónaco no dejó de luchar. No era el equipo que mejor defendía, pero tenía un ataque espectacular. Fabinho centró al segundo palo y allí estaba Radamel, quien logró un espectacular tanto con un remate en plancha de cabeza.

¡1-1!

El partido era un toma y daca, y ambos equipos estaban desplegando un fútbol espectacular. Los defensas del Manchester City sufrían con la velocidad y los movimientos de Kylian. Radamel tocó el balón de cabeza y Kylian se escapó del marcaje de Yaya Touré y de Nicolás Otamendi…

«Mantén la calma», se dijo Kylian a sí mismo.

No quería desperdiciar la ocasión disparando a lo loco, pero, por desgracia, eso fue exactamente lo que hizo.

Los aficionados del City se burlaron mientras el balón se iba a las nubes.

Kylian se lamentó. ¡Qué oportunidad perdida! No podía volver a fallar un gol tan claro. Pronto, tuvo una segunda ocasión. Cuando Fabinho le dio el pase, Kylian se adentró en el área entre los centrales del City. El balón le quedó perfecto para disparar, pero esa vez no se precipitó. Mantuvo la calma y puso el balón en la escuadra.

¡1-2! ¡Goool!

Kylian abrió los brazos y, luego, se deslizó sobre las rodillas por el césped.

«¡Sí!», gritó.

Había marcado su primer gol en la Champions League, ¡y menudo golazo! ¿Había batido otro récord? No, esa vez no. Solo era el segundo francés más joven en marcar en la Champions; Karim Benzema lo logró con tres meses menos. ¡No pasa nada!

«¡Qué disparo, *Casse-bonbon*!», le felicitó Benjamin Mendy.

Ese era su nuevo apodo, que en francés significa 'pesadilla'.

El encuentro podía haber terminado mucho mejor de lo que lo hizo para el Mónaco. Radamel falló un penalti y Kylian desaprovechó otra buena ocasión. En cambio, el City logró una increíble remontada y se acabó imponiendo por 5-3.

«Sé que estáis decepcionados», les dijo Jardim a sus jugadores en el vestuario, «pero los goles que hemos logrado a domicilio pueden ser muy importantes. ¡Ahora tenemos que salir con ambición y ganar el partido de vuelta en casa!».

«¡Sí!», corearon todos juntos.

Su espíritu de equipo era increíble.

Kylian nunca había visto tan animado el Stade Louis II. En una de las gradas, los aficionados formaban un muro rojo y blanco.

«¡Mónaco! ¡Mónaco! ¡Mónaco!», coreaban sin parar.

Kylian tuvo una primera ocasión en el minuto seis, pero el portero del City hizo una gran parada.

«¡Casi!», se lamentó, llevándose las manos a la cabeza.

Aun así, era una buena señal…

Dos minutos después, Bernardo centró desde la izquierda y Kylian estiró su pie derecho. El balón se coló por debajo de las piernas del portero.

¡5-4 en el global de la eliminatoria!

Kylian apenas celebró su segundo gol en la Champions League. «¡Vamos!», gritó, y salió corriendo hacia el centro del campo para no perder ni un segundo.

Todavía les quedaba mucho trabajo por delante.

Ese gol tan tempranero dio mucha confianza al Mónaco. Pronto, Benjamin centró para Fabinho: ¡5-5! Kylian corrió a chocar la mano con el goleador.

«¡Casi hemos logrado darle la vuelta a la eliminatoria!», gritó.

Lamentablemente para el Mónaco, Leroy Sané anotó un tanto para el City, así que el Mónaco necesitaba otro gol o quedarían eliminados. Podían lograrlo; Kylian no pensaba darse por vencido. A falta de quince minutos por disputar, Fabinho ejecutó una falta desde la banda derecha. Thomas colocó el balón en el área y Tiémoué lo remató de cabeza. ¡6-6! Todo el equipo galo corrió tras su héroe.

El Mónaco se clasificó gracias al valor doble de los goles fuera de casa, pero Kylian ya solo pensaba en la siguiente eliminatoria.

«¡Cuartos de final, allá vamos!», gritó a los aficionados en las gradas.

Cuando sonó el pitido final, los jugadores se fundieron en un abrazo colectivo. Contra todo pronóstico, ¡habían vencido al Manchester City!

Fue una victoria histórica para el club y una noche memorable para Kylian. Había logrado anotar dos goles en la eliminatoria contra uno de los mejores equipos del mundo.

Ya no era solo la sensación de Francia; Kylian se había convertido en la sensación del fútbol mundial.

CAPÍTULO 14

CAMPEONES DE FRANCIA

La primera aventura de Kylian en la Champions League no terminó ahí. A medida que fue avanzando la competición, se fue mostrando cada vez más constante. En los cuartos de final contra el Borussia Dortmund, disputados en abril de 2017, volvió a ser el hombre clave del Mónaco.

En el partido disputado en Alemania, Thomas centró y Kylian empujó el balón al fondo de la red.

¡0-1!

Luego, en la segunda parte, le robó el balón a la defensa del Dortmund y conectó un disparo imparable a la escuadra.

¡1-3!

Entonces, Kylian sorprendió con una nueva forma de celebrar el gol. Se deslizó de rodillas, cruzó los brazos sobre el pecho y sonrió. La celebración se la debía a su hermano. Era lo que hacía Ethan cuando le ganaba a Kylian jugando al FIFA.

«No puedes seguir copiando a Ronaldo cada vez que marcas. ¡Ahora eres una estrella! Necesitas tu propia celebración», le había dicho Ethan.

Kylian recurrió otra vez a su flamante nueva forma de celebrar en el partido de vuelta contra el Dortmund. Era su quinto gol en cuatro partidos; ¡estaba en racha! Marcó un nuevo tanto en la semifinal contra la Juventus, pero ahí terminó su increíble primera aventura en la Champions League: el Mónaco perdió 4-1 en el global.

«Volveré a intentarlo», se prometió Kylian a sí mismo, «y algún día levantaré ese trofeo».

Tuvo que pasar página enseguida, porque el Mónaco aún tenía otros logros por los que luchar. El PSG se impuso en la semifinal de la Copa de Francia y en la final de la Copa de la Liga, pero el sueño del título de la Ligue 1 seguía vivo. El Mónaco era líder porque Kylian no dejaba de marcar. Abrió el marcador en la victoria frente al Girondins de Burdeos y, luego, sumó dos goles más para derrotar al Caen. Hacía gala de una madurez increíble.

«Ojalá todos los jóvenes jugadores fueran tan maduros como tú», bromeó Radamel en el entrenamiento. «¡Tienes más cabeza que Benjamin y Tiémoué juntos!».

Pero, cada vez que el Mónaco ganaba, el PSG también lo hacía. El equipo parisino se mantenía a solo tres puntos en segunda posición. La presión era enorme cada fin de semana. Un solo tropiezo podía ser definitivo en la carrera por el título.

La visita a Lyon sería especialmente complicada. El Olympique de Lyon ocupaba la cuarta plaza de la Ligue 1, y contaba con un equipo talentoso, con Memphis Depay, Mathieu Valbuena y el antiguo capitán de la selección sub-19, Lucas.

«¡Vamos, seis victorias más y el título es nuestro!», recordó Jardim a sus jugadores antes del inicio del partido.

Kylian estaba decidido. ¡No podían rematar su sensacional temporada sin levantar un solo trofeo!

Contra el Lyon, Radamel logró abrir el marcador, pero sabían que un solo gol no sería suficiente. El Mónaco necesitaba un segundo tanto para asegurar la victoria. Justo antes del descanso, Bernardo combinó con Kylian, quien tenía toda la banda izquierda para avanzar.

¡Peligro a la vista! Kylian salió disparado hacia el campo del rival. Con el balón en los pies, era letal. El central del Lyon, Mouctar Diakhaby, retrocedía sin atreverse a encarar a Kylian.

Finta hacia la izquierda y aceleración hacia la derecha.

Para rematar la jugada, Kylian elevó el balón ante la salida del portero y lo mandó al fondo de la red.

¡Goool!

¡0-2!

Kylian se deslizó hasta la esquina del campo, con los brazos firmemente cruzados. Los aficionados del Mónaco que se habían desplazado junto con su equipo enloquecieron de alegría. Kylian, como siempre, mantuvo la calma.

«¡Qué héroe!», gritó Bernardo al alcanzarlo.

Kylian asintió mientras se incorporaba. Sí, era un héroe, el héroe del Mónaco. Y estaba dispuesto a lograr que su equipo ganara el campeonato liguero.

«¡Cinco victorias más!», animó Jardim a sus jugadores.

El Mónaco se enfrentó al Toulouse FC el sábado siguiente. Kylian volvió a ver puerta. No había quien lo detuviera, ni a él ni a su equipo.

Lograron remontar el 0-1 inicial para acabar ganando por 3-1.

«¡Ya casi lo tenemos!», gritó Kylian a los aficionados al final del partido.

Esa victoria devolvía la presión al PSG. ¿Podrían ganar al OGC Niza el domingo? No, ¡perdieron 3-1!

«¡Dos victorias más!» les dijo Jardim a sus jugadores antes del partido contra el Lille OSC.

¡Tenían la gran gesta al alcance de la mano!

Justo antes del descanso, Kylian tuvo un mano a mano con el lateral izquierdo al borde del área. ¡Problemas para el Lille! Kylian encaró al defensa y empezó a hacer bicicletas... Hasta que lo dejó atrás como una exhalación. Al final, centró buscando a Bernando.

¡2-0!

«¡Gracias, Kylian!».

En la segunda mitad, Thomas envío un balón perfecto por encima de la defensa para Kylian. Podría haber controlado el balón con un toque, pero tuvo una idea mejor. Vio a Radamel esperando en el área, así que centró de volea al primer toque.

¡3-0!

«¡Gracias, Kylian!».

El Mónaco solo necesitaba una victoria más. El ambiente en el Stade Louis II antes del partido contra el AS Saint-Étienne era tenso. ¿Podrían proclamarse campeones frente a su afición? Sería el colofón ideal.

¡Mónaco! ¡Mónaco! ¡Mónaco!

Kylian estaba decidido a ser el héroe de su equipo una vez más. Lanzó un potente disparo al inicio, pero el portero del Saint-Étienne hizo una gran parada.

«¡Qué ocasión!», suspiró Kylian.

La próxima vez tenía que marcar.

Pasados unos minutos, Radamel le puso un pase perfecto y Kylian salió disparado, dejando atrás a toda la defensa del Saint-Étienne. Ahora solo tenía que batir al portero. Levantó la vista y amagó con chutar a la izquierda. El portero rival se lanzó y Kylian lo dribló con un toque sutil para finalmente anotar a puerta vacía.

¡1-0! ¡Gooool!

«¡Uf, pensé que ibas a fallar!», le dijo Radamel mientras celebraban el tanto.

Kylian sonrió. «¿Yo? ¡De eso nada!».

Para asegurar una victoria tan importante, el Mónaco necesitaba anotar un segundo tanto, pero este no llegó hasta el último minuto. Thomas centró para Valère. ¡2-0!

Para entonces, a Kylian ya lo habían sustituido, así que se limitó a animar a sus compañeros desde el banquillo. Los jugadores del Mónaco estaban ansiosos por que el árbitro pitara el final del partido. Todos querían celebrar el título liguero.

La fiesta ya había empezado en el estadio. Los aficionados agitaban sus banderas rojas y blancas y cantaban a pleno pulmón:

«¡Campeones, campeones, oé, oé, oé!».

Al final, el partido terminó y también diecisiete años de espera del Mónaco. ¡Volvían a ser los campeones de Francia!

«¡Campeones, campeones, oé, oé, oé!».

Kylian jamás olvidaría ese día. Corrió para abrazarse con sus compañeros en un gran corrillo en el centro del campo. Todos los jugadores empezaron a hacer la vuelta de honor…

Radamel, Fabinho, Benjamin, Bernardo, Boschilia, Tiémoué, Thomas, Valère y, por supuesto, Kylian… Eufóricos, devolvían los aplausos a los aficionados.

Kylian había jugado un papel destacadísimo en su primera temporada completa jugando con el primer equipo, con 15 goles y 11 asistencias. Y eso solo en la Ligue 1, donde se coronó con claridad como mejor jugador joven del año.

En total, Kylian terminó esa increíble temporada con 26 goles y 14 asistencias. Eran unos registros espectaculares, sobre todo teniendo en cuenta que solo tenía dieciocho años. Sus estadísticas superaban con creces a las de Messi o Cristiano a esa edad.

A ese ritmo, Kylian estaba encaminado a cumplir su sueño de convertirse en el mejor futbolista de todos los tiempos.

Tras recoger sus medallas y levantar el trofeo liguero, los jugadores del Mónaco regresaron al vestuario para prepararse para una gran noche de celebración.

«¿Vienes, colega?», le preguntó Tiémoué.

Kylian negó con la cabeza.

«Lo siento, estoy cansado. Me voy a casa, ¡pero pasadlo bien!».

Para él, el título de la Ligue 1 era solo otro objetivo conseguido. Al día siguiente, se centraría en sus próximos dos retos: la Champions League y la Copa Mundial.

CAPÍTULO 15

LA NUEVA FIGURA DE LA SELECCIÓN FRANCESA

«¡Mbappé tiene que ir a la selección!».

Los aficionados del Mónaco venían reclamando que su joven estrella fuera convocada por la selección desde el inicio de la temporada 2016-17. «Aún es muy joven, pero está jugando como un fenómeno. ¡Con él podríamos ganar la Copa Mundial!».

Didier Deschamps, el seleccionador nacional, no lo tenía tan claro. ¿A qué venían tantas prisas? Kylian solo tenía diecisiete años. Por lo tanto, no entró en la convocatoria de la selección absoluta para los partidos de clasificación ante Bielorrusia en septiembre de 2016, ni contra Bulgaria o contra los Países Bajos en octubre, ni tampoco frente a Suecia en noviembre.

Pero, en marzo de 2017, Deschamps tuvo que cambiar de opinión. ¿Cómo rechazar al héroe del Mónaco, sobre todo tras su exhibición ante el Manchester City? Toda Francia clamaba para que se convocara a un jugador con semejante desparpajo.

«Quizá no habríamos perdido la final de la EURO 2016 si Mbappé hubiera estado en el equipo!», argumentaban sus fieles.

Kylian vio aquella final por televisión en Alemania junto con el combinado sub-19. Francia se enfrentó a la selección portuguesa de su ídolo Cristiano. El conjunto galo era el favorito. Jugaba en casa, en el Stade de France, y su tridente ofensivo, formado por Olivier Giroud, Antoine Griezmann y Dimitri Payet, había desplegado un juego espectacular durante todo el torneo.

«*Allez la France! Allez la France!*», animaban Kylian y sus compañeros.

Sin embargo, en la final, los atacantes franceses no lograron encontrar la forma de superar a la defensa portuguesa. Cuando Dimitri se lesionó, Deschamps dio entrada a Kingsley Coman, pero no consiguió cambiar el rumbo del partido. Tampoco lo lograron André-Pierre Gignac ni Anthony Martial. Al final, Portugal se proclamó campeona gracias a un gol de Éder.

«¿Cómo se nos ha podido escapar esta final?», se preguntaban incrédulos los jóvenes de la selección francesa.

De vuelta en París, las estrellas de la selección absoluta se hacían exactamente la misma pregunta.

«Yo podría haber cambiado ese partido».

Kylian no lo dijo en voz alta, pero eso era lo que pensaba. Tenía la velocidad, la calidad y la confianza. Dos semanas después, ayudó a Francia a ganar la EURO sub-19.

Pero, nueve meses después de aquella final, Kylian estaba a punto de dar el salto a la selección absoluta. Deschamps anunció la convocatoria para el partido de clasificación para la Copa Mundial contra Luxemburgo:

Hugo Lloris, Laurent Koscielny, Paul Pogba, Antoine Griezmann, Olivier Giroud, Dimitri Payet...

Había muchos jugadores veteranos y experimentados en la lista, pero también una nueva joven estrella:

... Kylian Mbappé.

«¡Enhorabuena!», le felicitaron sus padres por teléfono.

«Estupendo, te lo mereces», le dijo su entrenador del Mónaco.

«Genial, nos han convocado a los dos. ¡Vamos!», exclamó eufórico su compañero del Mónaco, Benjamin.

Para él también era la primera convocatoria.

¡Qué honor! Que lo convocaran para la selección nacional era un sueño hecho realidad para Kylian, pero no significaría gran cosa si no llegaba a debutar. Si entraba al campo, ¿se convertiría en el internacional absoluto más joven de la historia de Francia? Le encantaba batir récords. Pero no: resultó que Maryan Wisnieski había debutado en 1955 con 33 días menos.

Aun así, Kylian deseaba con toda su alma poder disputar unos minutos contra Luxemburgo. Con un poco de suerte, si Francia iba ganando de forma holgada, tendría su oportunidad.

Djibril Sidibé puso un pase atrás para Olivier. ¡1-0!

En la banda, Kylian apretó el puño en el aire. Empezaban bien, pero, cinco minutos después, Luxemburgo logró empatar de penalti.

«A lo mejor me necesitan para salir y cambiar el partido», pensó Kylian, intentando ser positivo.

Pero no: Antoine marcó desde los once metros. ¡2-1!

Luego, Benjamin centró para Olivier. ¡3-1!

Con el partido sentenciado, Deschamps decidió retirar a Dimitri y sustituirlo por... ¡Kylian! Ya estaba calentando y con unas ganas enormes de salir al campo.

«Aprovecha tu velocidad para desbordar por la izquierda», le indicó el entrenador.

¡Hecho! Con la camiseta blanca y el dorsal 12, Kylian salió disparado al campo. No pensó en que era su debut con la selección absoluta ni en el talento de sus nuevos compañeros. Lo único que tenía en la cabeza era entrar en juego lo antes posible. ¿Cuánta magia podría crear en los últimos 15 minutos?

¡Mucha! Ousmane Dembélé le sirvió un pase magistral con efecto mientras avanzaba por la banda. Sin duda, Luxemburgo estaba en serios apuros. Sin vacilar ni un instante, conectó un potente disparo con la zurda, pero el portero logró desviar el balón por encima del larguero.

¡Qué cerca! Kylian hizo una mueca. Había estado a punto de ser el comienzo perfecto de su carrera internacional con la selección absoluta.

No volvió a tener otra ocasión para disparar a puerta, pero sí tuvo la oportunidad de lucir su repertorio completo de fintas y de regates.

«¡Bravo!», corearon los aficionados franceses, encantados con su nuevo jugador.

Kylian dejó atrás a toda velocidad al lateral derecho de Luxemburgo y puso un centro al área. Olivier estiró la pierna derecha, pero no llegó a impactar al balón por muy poco.

¡Qué cerca! Kylian volvió a hacer una mueca. Estuvo a punto de ayudar a Olivier a lograr su triplete.

«¡Buen pase!», le gritó el delantero, levantando el pulgar.

Los escasos 15 minutos no dieron para más, pero tres días después Deschamps eligió a Kylian para formar parte del equipo titular en el partido amistoso contra España que se disputaría en el Stade de France de París.

«Gracias, míster, ¡no se arrepentirá!».

¡Kylian debutaría como titular con la selección absoluta en su ciudad natal! ¡Estaba deseando empezar! Antes de saltar al terreno de juego, se mostró tan relajado como siempre, y, en cuanto se inició el partido, estuvo concentrado en ganar y marcar.

Llegó un centro desde la izquierda y Kylian, con mucha picardía, desvió el balón hacia la portería..., pero David de Gea hizo una parada espectacular.

¡Qué cerca! Durante unos instantes, Kylian permaneció inmóvil con la cabeza entre las manos, pero enseguida reaccionó y presionó para recuperar el balón. Aún le quedaba mucho tiempo por delante.

Kylian no parecía un debutante. Se entendía de maravilla con Antoine, tirando paredes por todo el campo. ¿Sería la futura pareja de atacantes de Francia? Los aficionados esperaban que sí.

En el descanso, el veterano Gerard Piqué le pidió intercambiar la camiseta. ¿Cómo? ¿El central del Barcelona que lo había ganado prácticamente todo en el fútbol (Copa Mundial, EURO, Champions League y liga española) quería su camiseta?

«Por supuesto», respondió él, tan tranquilo como siempre.

Tras 65 minutos, Deschamps decidió sustituir a Kylian por Olivier. En ese momento, el marcador era de 0-0; poco después, Francia iba perdiendo 0-2.

«¡Eso es lo que pasa cuando quitas a Mbappé!», protestaban sus seguidores.

Lamentablemente, el primer gol y la primera asistencia internacional de Kylian tendrían que esperar un poco más. No pasaba nada; ya llegarían muchas más oportunidades para demostrar su calidad. Tan solo tenía dieciocho años.

CAPÍTULO 16

UNA DECISIÓN COMPLICADA (PARTE II)

Tras conseguir el título de la Ligue 1 en la temporada 2016-17, ¿podría el Mónaco mantener su rumbo ganador o solo había sido un éxito puntual? ¿Podrían fichar a jugadores todavía mejores o les resultaría imposible retener a sus estrellas? Lamentablemente, esa historia tuvo un final triste.

Bernardo Silva fue el primero en marcharse, ya que fichó por el Manchester City en mayo de 2017.

«¡Voy a echar de menos jugar contigo!», admitió Kylian mientras se despedían.

A continuación, Nabil Dirar se fue al Fenerbahçe, y Valère Germain, al Marsella; y, en julio, Tiémoué Bakayoko dejó el club para unirse al Chelsea.

«¡No te vayas!», le suplicó Kylian a su amigo.

Y, para empeorar aún más las cosas, Benjamin Mendy también se marchó al Manchester City.

«¡No, tú también, no! ¿Por qué todo el mundo se marcha del Mónaco?», se quejó Kylian.

A ese ritmo, ¡solo quedarían él, Radamel Falcao, Thomas Lemar y Fabinho! El Mónaco no tenía ninguna opción frente al poderoso PSG, sobre todo cuando su rival fichó a Neymar Jr. procedente del Barcelona por 222 millones de euros.

«Ahora ganarán la liga sin despeinarse», pensó Kylian.

¿Había llegado el momento de que él también se marchara a otro club? Estaba muy a gusto en el Mónaco, pero quería optar a ganar los títulos más importantes. Y eso no parecía muy probable en su actual equipo. Kylian reflexionó largo y tendido sobre qué era lo mejor para su carrera. Se había convertido en uno de los mejores jugadores del mundo, y los grandes clubes volvían a hacer cola para ficharlo. Pero ¿cuál elegiría?

¿El Arsenal? Arsène Wenger llevaba años persiguiéndolo, pero los Gunners ya ni siquiera jugaban la Champions League. Kylian tenía ese trofeo entre ceja y ceja.

¿El Liverpool? Kylian mantuvo una conversación apasionante con su entrenador, Jürgen Klopp, pero, por desgracia, el club no podía permitirse ficharlo en ese momento.

¿El Manchester City? Era una posibilidad. El dinero no era un problema para ellos, y Kylian había impresionado mucho a Pep Guardiola en su enfrentamiento en la Champions League.

«Únete a nuestro emocionante proyecto», intentó convencerlo el técnico del City. «Piénsalo: tú, Sergio Agüero, Leroy Sané y Gabriel Jesus en ataque, con Kevin De Bruyne y David Silva en el centro del campo. ¡Ganaríamos todos los títulos!».

Trabajar con Guardiola sería una experiencia increíble, pero ¿y jugar en la Premier League? Kylian no lo tenía tan claro. ¿Qué otras opciones tenía?

¿El Barcelona? Tras la marcha de Neymar Jr., ¿tendría un hueco junto a Lionel Messi y Luis Suárez? No; al final, decidieron fichar en su lugar a su compañero de la selección francesa, Ousmane Dembélé.

¿El Real Madrid? Sería increíble jugar junto con Cristiano. ¡Formarían una dupla imparable! Al entrenador del Madrid, Zidane, le encantaba la idea, y al presidente del club, Florentino

Pérez, también. Se reunió con el presidente del Mónaco, Dmitry Rybolovlev, para cerrar un acuerdo.

«Queremos 196 millones de euros por Mbappé».

«Ofreceremos 150 millones, más otros 28 millones en bonus».

Florentino Pérez se marchó de Francia muy optimista. El acuerdo aún no estaba cerrado, pero parecía solo cuestión de tiempo que el Madrid atara a su nuevo fichaje galáctico.

Kylian también estaba ilusionado. Soñaba con jugar en ese club desde su primer viaje a Madrid, cuando celebró su decimocuarto cumpleaños. Además, el Madrid acababa de ganar la liga española y la Champions League.

«No te hagas ilusiones todavía», le dijo su padre. «Aún queda mucho por concretar antes de que puedas vestir la famosa camiseta blanca».

Wilfried era también el representante de Kylian y viajó a España para reunirse con Florentino y con los directivos del club. Había una cuestión importante que quería tratar: el rol de Kylian en el equipo del Madrid.

Al fin y al cabo, no iba a fichar por el Madrid para quedarse sentado en el banquillo del Bernabéu.

«¿Cómo encajaría mi hijo en el equipo titular?», preguntó Wilfried, sin reparos.

Era una buena pregunta. El Madrid tenía un ataque estelar, la famosa BBC, formada por Karim Benzema, Gareth Bale y Cristiano. Además, contaban con otros dos jóvenes talentos esperando su oportunidad: Isco y Marco Asensio. ¿Había sitio para una nueva joven promesa?

«No te preocupes, le buscaremos un hueco a Kylian», le prometió Florentino a Wilfried.

Sin embargo, a mediados de agosto, nada había cambiado. El Madrid seguía manteniendo a todas sus estrellas ofensivas.

«Lo siento, hijo. No creo que ahora mismo sea un buen movimiento para ti», le dijo Wilfried.

Quedaba una última opción: el club de su ciudad natal, el PSG. Estaban desesperados por que se convirtiera en el tercer miembro de un espectacular nuevo ataque a la altura de la MSN del Barcelona o de la BBC del Real Madrid. El PSG apuntaba a la MCN: Kylian Mbappé, Edinson Cavani y Neymar Jr.

«Con vosotros tres, podríamos ganar la Champions League», declaró con confianza el entrenador del PSG, Unai Emery.

¡Eso era exactamente lo que Kylian quería oír! El PSG le ofrecía continuidad en el primer equipo y, además, estaba construyendo un conjunto de primer nivel para plantar cara al Barcelona y al Real Madrid. ¡Incluso podría jugar junto con uno de sus ídolos, Neymar Jr.! Kylian solía elegir al PSG en el FIFA para poder utilizar al brasileño y derrotar a su hermano Ethan.

«¡Me parece bien!», le dijo Kylian a su padre.

Sin embargo, había un gran problema. ¿Estaría el Mónaco dispuesto a vender a Kylian a su mayor rival en la Ligue 1? No, pero la oferta del PSG era demasiado tentadora como para rechazarla: los 196 millones de euros que pedían. El PSG no podía pagar todo el montante al contado, ya que se había gastado muchísimo dinero en Neymar Jr.; la solución fue que Kylian llegara cedido durante un año y pagar la cantidad íntegra la temporada siguiente.

El Mónaco fue consciente de que Kylian ya había tomado una decisión. Quería volver a casa, a París, y no tenía sentido intentar retenerlo. El 31 de agosto de 2017, se cerró el acuerdo. De repente, su rostro aparecía por toda la ciudad.

«Bienvenido, Kylian», se podía leer en un cartel.

«París ama a Mbappé», ponía en otro.

Alguna publicidad solo mostraba su número: el 29, el mismo dorsal que había llevado en el Mónaco.

Kylian ya era un rostro popular, pero, tras fichar por el PSG, se había convertido en superpopular. Cada vez que salía de casa, se veía rodeado por aficionados que querían hacerse una foto con él o que le pedían un autógrafo. Era una locura; ¡ya no podía ir a ningún sitio!

Kylian tendría que acostumbrarse a la fama. No obstante, él trataba de estar concentrado en el fútbol.

«Realmente quería formar parte del proyecto del club», había declarado a los medios. «Es uno de los equipos más ambiciosos de Europa».

Era el momento de que las estrellas del PSG demostraran su valía. Kylian, Edinson y Neymar Jr. estaban a punto de afrontar juntos su mayor desafío.

CAPÍTULO 17

CURTIÉNDOSE EN LA SELECCIÓN

Antes de debutar con su nuevo club, el PSG, Kylian debía encarar dos nuevos partidos con la selección. Una sorprendente derrota frente a Suecia hacía que Francia necesitara con urgencia dos victorias en la fase de clasificación para la Copa Mundial contra Países Bajos y Luxemburgo.

«¡Vamos a por ello!», le dijo Kylian a su antiguo compañero en el Mónaco, Thomas Lemar.

Kylian acababa de fichar por el PSG y no tuvo que viajar mucho para el primer partido. El Stade de France estaba a solo una hora en autobús desde el Parque de los Príncipes, el estadio del PSG. Se sentía muy ilusionado por volver a representar a su país.

Ahora era el segundo jugador más caro del mundo, pero su historial internacional seguía siendo de cuatro partidos y ningún gol. No había conseguido marcar en los 20 minutos que jugó contra Suecia, ni en los 95 frente a Inglaterra.

«Esto tiene que cambiar», les dijo Kylian a sus compañeros.

La selección de Países Bajos no era tan peligrosa como antes, pero Didier Deschamps no quería arriesgarse. El seleccionador francés mantuvo su formación habitual: Kingsley Coman y Thomas Lemar por las bandas, y Antoine Griezmann y Olivier Giroud en la delantera. Kylian debería esperar su oportunidad en el banquillo otra vez.

«¡Venga, vamos!», murmuró, sin dejar de mover las piernas con inquietud.

¿Cuánto tendría que esperar a que llegara su oportunidad?

Antoine tiró una gran pared con Olivier y, luego, le hizo un túnel al portero.

¡1-0!

Kylian se recostó un poco más en su asiento.

Si los delanteros de Francia seguían jugando tan bien, no iba a ser necesaria su participación. Sin embargo, pasaron 60 minutos antes de que Thomas hiciera el 2-0 con un remate impresionante.

«Que me saque ya, que me saque ya...».

Kylian miró a Deschamps. ¿Estaba a punto de hacer algún cambio? ¡Por fin! Unos minutos después Kylian entró en el campo para sustituir a Olivier.

«¡Hurra, es Mbappé!», celebraron los aficionados.

Kylian tenía 20 minutos para intentar marcar su primer gol con Francia. Era tiempo más que suficiente, pero debía aprovechar sus oportunidades. En una primera intervención, logró burlar a la línea defensiva de los Países Bajos, ya cansada, pero el portero detuvo su disparo.

«¡Eh, fíjate!», gritó enfadado Antoine, totalmente solo.

«¡Perdón!».

La siguiente oportunidad en la que Kylian tuvo espacio para avanzar, le pasó el balón a Djibril Sidibé, pero, al instante, le reclamó que le devolviera el pase.

«¡Ahora!», gritó mientras corría hacia el área.

El pase de Djibril fue perfecto, y también el remate de Kylian. Esa vez, el portero no pudo hacer nada para atajar el balón.

¡Goool!

Kylian empezó a correr eufórico, con los brazos bien abiertos.

¡Por fin, había estrenado su cuenta goleadora con Francia! Sumaba así un nuevo objetivo alcanzado antes de cumplir los diecinueve años de edad. Kylian no se convirtió en el goleador más joven de la historia del país, pero sí en el más joven en marcar en 54 años. Eso era muchísimo tiempo, y una buena razón para hacer su nueva celebración. Se detuvo, cruzó los brazos sobre el pecho y se quedó quieto, sonriendo impasible.

«¡Enhorabuena, colega!», le dijo Thomas.

Todos los jugadores de Francia se acercaron a felicitarlo: Djibril, Paul Pogba, Alexandre Lacazette. Kylian sentía que ya formaba parte del equipo.

«Fenomenal victoria ayer», escribió en Instagram junto a una foto de su celebración.

En ese momento, lucía el dorsal 20 con Francia, aunque esperaba que no fuera por mucho tiempo. Antoine llevaba el 7 y Olivier el 9. Kylian tenía la vista puesta en el 10. Esa camiseta había pertenecido a Zidane, el último héroe francés de la Copa Mundial.

Una buena actuación en el siguiente partido seguramente le ayudaría a lograr su objetivo. Kylian tenía esperanzas de ser titular y de formar parte del ataque junto a Antoine y a Olivier contra una selección que ocupaba el puesto 136 del mundo. Ahora que había estrenado su cuenta goleadora, los tantos deberían empezar a fluir. Sin duda, Luxemburgo estaba en serios problemas...

Pero no, resultó ser una noche frustrante para Francia. A pesar de tener numerosas ocasiones, ¡no lograron marcar ni un gol!

Kylian le devolvió el balón a Antoine, pero este disparó por encima del larguero. ¡Qué oportunidad perdida!

Más tarde, combinó con Antoine, pero un defensa se interpuso en su disparo. ¡Lástima!

Kylian se escapó del marcaje de la defensa luxemburguesa, pero, luego, disparó al portero. ¡Otra ocasión fallada!

Levantó los brazos con frustración. ¿Qué estaba fallando? Kylian empezó a desesperarse. Había recurrido a sus regates, fintas y bicicletas, pero nada funcionaba. El marcador seguía 0-0. Transcurridos 60 minutos, Deschamps retiró a Kylian y puso a Kingsley en su lugar.

«Hoy tuviste mala suerte de cara a puerta, aunque tienes que aprender a aprovechar tus ocasiones», le dijo su entrenador.

Fue una lección dura, pero muy importante para Kylian. Deschamps tenía muchos delanteros talentosos para elegir: Antoine y Olivier, pero también Ousmane, Kingsley, Alexandre, Dimitri Payet, Nabil Fekir, Florian Thauvin o Anthony Martial. La presión para rendir al máximo era enorme.

Habían hecho un desembolso de 196 millones de euros por Kylian, pero eso no significaba nada a nivel internacional. Para alcanzar su objetivo de jugar la Copa Mundial 2018, todavía tenía mucho que demostrar. Deschamps sabía que podía cambiar el rumbo de un partido saliendo desde el banquillo, pero ¿era ese el papel que él quería desempeñar? No, Kylian quería la camiseta con el dorsal número 10 y quería jugar de titular.

CAPÍTULO 18

LOS PRIMEROS PASOS DE LA MCN

Los aficionados del PSG estaban deseando ver a Kylian y a la MCN en acción, y, en septiembre de 2017, tuvieron su primera oportunidad. Su primer rival, el Metz, pronto pudo descubrir su enorme peligro.

Tras 30 minutos, Neymar Jr. filtró un balón para pasárselo a sus compañeros de ataque. Kylian ansiaba marcar en su debut, pero dejó que fuera Edinson quien disparara.

¡1-0!

«¡Gracias!», dijo el uruguayo, dándole a su compañero un gran abrazo.

«¡Un placer!».

El nuevo tridente tendría que colaborar para triunfar. Eran tres superestrellas, pero no podían ser egoístas. No caben los egos en un equipo, y mucho menos en un equipo que aspira a ganarlo todo.

¿Quién marcaría el siguiente gol? ¿Kylian o Neymar Jr.?

En la segunda parte, Kylian levantó el balón hacia el brasileño. Un defensa logró despejarlo, pero el rechace le cayó directamente a Kylian. ¡BANG!

¡Goool!

¡2-1!

«¡Sí!», gritó Kylian, con los brazos abiertos de par en par.

Un partido, un gol; Kylian había estrenado su cuenta goleadora con el PSG.

¿Y quién sería el siguiente en marcar? Neymar Jr., por supuesto. Tras un hábil regate, colocó el balón en el fondo de la red con precisión.

¡3-1!

Edinson y Kylian se acercaron trotando para felicitar al brasileño. Los tres miembros de la MCN habían logrado marcar; era el comienzo ideal. La temporada 2017-18 no había hecho más que empezar, pero el futuro parecía muy prometedor para el PSG...

... Siempre y cuando prevaleciera el trabajo en equipo. En la siguiente jornada liguera, el PSG iba ganando 1-0 al Lyon cuando Kylian provocó un penalti. Pronto, los aficionados parisinos pasaron de la alegría a la estupefacción.

Cavani llevaba mucho tiempo siendo el elegido para lanzar los penaltis del equipo y era el favorito de la afición. Sin embargo, Neymar Jr. intentó adueñarse del balón para ser él quien lanzara la pena máxima.

«¿Quién se cree que es?», se preguntaban indignados los seguidores del PSG. «¡Acaba de llegar y ya piensa que es el dueño del equipo!».

Al final, Neymar Jr. desistió de lanzar el penalti, pero el brasileño estaba claramente molesto. Para colmo, Edinson estrelló el balón en el larguero.

«¡Vamos! Se supone que somos un equipo», les dijo Kylian a sus compañeros de ataque, intentando mediar.

Los tres atacantes se necesitaban mutuamente. Cuando Neymar Jr. se perdió el siguiente partido contra el Montpellier, Kylian y Cavani se quedaron sin ver puerta, a pesar de gozar de claras ocasiones de gol, sobre todo Kylian.

«¿Qué me pasa hoy?», se quejó el joven delantero, mientras se secaba el sudor de la frente.

A la semana siguiente, el tridente volvió a formar la línea ofensiva frente al Burdeos, y la película fue muy diferente.

Neymar Jr. marcó de falta directa. ¡1-0!

Edinson empujó a la red un pase del brasileño. ¡2-0!

Kylian falló un disparo, pero el rechace le llegó al lateral derecho Thomas Meunier, quien marcó en su lugar. ¡3-0!

Edinson dejó que Neymar Jr. lanzara un penalti. ¡4-1!

Julian Draxler remató de volea un centro de Kylian. ¡5-1 al descanso!

Lo único que faltaba era un gol de Kylian. Se dijo a sí mismo que no abandonaría el campo hasta ver puerta.

En la segunda parte, Julian le devolvió el favor a Kylian, quien controló el pase de su compañero y remató raso buscando el palo largo. ¡6-1!

«¡Por fin!», exclamó con una sonrisa.

Kylian dedicó su gol a su amigo lesionado, Benjamin Mendy. Levantó dos dedos de cada mano formando el número 22, el dorsal de Benjamin en el Manchester City.

En el vestuario, después del partido, el entrenador Unai Emery elogió a los jugadores del PSG. «¿Lo veis? ¡Mirad lo que se puede conseguir cuando jugáis como un auténtico equipo!».

Cuando llegó el parón navideño, aventajaban en nueve puntos al anterior club de Kylian, el Mónaco, en lo más alto de la clasificación de la Ligue 1. Habían ganado 16 de sus 19 partidos, marcando 58 goles en total. De ellos, 19 eran de Edinson, 11 de Neymar Jr. y ocho de Kylian.

Aunque no siempre brillaba como la gran estrella del PSG, Kylian era, con diferencia, el más joven, y estaba encantado de poder ayudar a su equipo. Aparte de sus ocho goles, también había dado siete asistencias. Sus cifras eran muy buenas y, además, su objetivo siempre eran los títulos colectivos, no los premios individuales. Y el equipo caminaba imparable hacia el título de la liga francesa, el segundo consecutivo para Kylian.

También estaba aprendiendo muchísimo. Acababa de cumplir diecinueve años y ya jugaba junto con Edinson y Neymar Jr., además de Ángel Di María, Dani Alves, Thiago Silva, Marco Verratti... ¡La lista era interminable! Con compañeros tan experimentados y talentosos, Kylian no paraba de mejorar.

«Oye, que tú también eres una estrella, ¿eres consciente?», le recordaba Neymar Jr. una y otra vez.

El brasileño era seis años mayor que Kylian, pero se llevaban muy bien. Siempre estaban riendo, bromeando y posando juntos para fotos en Instagram: en los aviones, en los entrenamientos, en el campo celebrando goles e incluso en las galas de premios.

«¡Sonreíd para vuestros seguidores!».

A pesar de todo, Kylian siempre trataba de mantenerse centrado en lo realmente importante: el fútbol. Era el segundo jugador más caro del mundo y lo habían proclamado el mejor jugador joven de Europa. Era mucha presión. Además, con Ángel Di María jugando tan bien, tenía que seguir peleando por un puesto en el once titular.

Salió desde el banquillo contra el Dijon FCO cuando quedaban 25 minutos. ¡Tiempo de sobra para demostrar de nuevo su calidad!

El PSG ya ganaba 5-0, así que Kylian pudo saltar al césped para disfrutar. Con el tridente estrella de nuevo junto en el campo, la grada esperaba más. ¡Y no fallaron! Neymar Jr. marcó el sexto y Kylian el séptimo.

«¡Hora de marcar!», rugió, saltando a los brazos del brasileño.

Después del partido, Kylian publicó una foto en Instagram con un brazo alrededor de Edinson *El Matador* y el otro alrededor de Neymar Jr., y el texto «Crack x 4».

Ahora que eran una familia feliz, ¿sería la MCN imparable? Las cosas nunca son tan sencillas. A veces, la gente olvidaba que Kylian todavía era muy joven. ¡Parecía que llevaba toda la vida jugando al fútbol! La mayor parte del tiempo se mostraba muy maduro, pero, de vez en cuando, actuaba como el adolescente que era. Estaba creciendo de cara al público y eso no siempre resultaba fácil.

En la semifinal de la Copa de la Liga contra el Rennes, disputada en enero de 2018, el PSG ganaba 3-0 cuando Kylian descargó su frustración sobre Ismaïla Sarr. Fue una entrada a destiempo y absurda, lo que provocó que, en un instante, se viera rodeado de rivales furiosos.

«Pero ¿qué haces?», le preguntaron, empujándolo hacia atrás.

«¡Árbitro, ha sido una entrada temeraria! ¡Expúlsalo!», gritaban los rivales, muy enfadados.

¡Tarjeta roja! Kylian se marchó del campo despacio, negando con la cabeza y quitándose los guantes.

«La semana pasada me hicieron a mí una entrada así y no pasó nada, ¡ni siquiera le enseñaron una amarilla!», murmuró de mal humor.

Tras calmarse, Kylian se sintió culpable y avergonzado. Había dejado tirado a su equipo y los había obligado a defender con diez jugadores. ¡Qué error tan estúpido! El Rennes marcó dos goles, pero el PSG logró aguantar y se llevó la victoria. ¡Uf!

«Lo lamento, no volverá a pasar», prometió Kylian tanto a su entrenador como a sus compañeros. Sin duda, había aprendido la lección.

«No te preocupes, al final ganamos», lo tranquilizó Edinson.

«Todos cometemos errores», lo consoló Neymar Jr. «Solo intenta no cometer ninguno contra el Real Madrid en la Champions League, ¿vale?».

CAPÍTULO 19

KYLIAN CONTRA CRISTIANO

Efectivamente, en los octavos de final de la Champions League, el PSG de Kylian se enfrentaría al Madrid de Cristiano Ronaldo. Por fin, se vería las caras con su héroe de la infancia sobre el terreno de juego. ¡Qué encuentro tan emocionante! ¡Qué partido tan fascinante! El PSG tenía bien encaminado el título liguero, pero ¿serían capaces de plantar cara al Real Madrid, los actuales campeones de Europa?

Hasta ese partido, todo había ido sobre ruedas en la máxima competición continental. En la fase de grupos, en otoño de 2017, el PSG había destrozado al Celtic por 5-0 y 7-1; y al Anderlecht, por 4-0 y 5-0. ¡Un total de 21 goles en cuatro partidos!

El encuentro favorito de Kylian, sin embargo, fue la victoria por 3-0 sobre los gigantes alemanes del Bayern Múnich. Aquella noche, la MCN fue poco menos que imparable en el Parque de los Príncipes. En el primer minuto del partido, Neymar Jr. dribló a varios jugadores en el área y cedió el balón a Dani Alves para que rematara. ¡1-0!

La mayor parte del tiempo, Kylian tenía a dos defensas del Bayern encima. ¡No había problema! Utilizó su potencia y su habilidad para mantener el balón hasta que llegó Edinson. ¡2-0!

Kylian no paró de generar ocasiones para sus compañeros de ataque. Edinson y Neymar Jr. podrían haber conseguido ambos un *hat-trick*, aunque, al final, lograron un gol cada uno.

En una jugada en la que Kylian se disponía a centrar el balón, el lateral izquierdo del Bayern, David Alaba, saltó para bloquearlo. Entonces, Kylian se pasó el balón a su otro pie.

«¡Guau!», exclamaron los aficionados del PSG ante el toque de habilidad de Kylian.

Kylian dribló a Alaba y a Niklas Süle, y, esa vez, sí centró a Neymar Jr. ¡3-0! ¡Fue una noche espléndida para la MCN!

Kylian no había marcado, pero había sido el artífice de dos jugadas que acabaron en gol contra uno de los mejores equipos del mundo. Tocaba enfrentarse al poderoso Real Madrid.

El partido de ida se jugó en el Bernabéu.

Los jugadores del PSG llegaron a España con la confianza por las nubes. Iban líderes en la liga, mientras que el Real Madrid ocupaba la tercera posición en su campeonato liguero. Si desplegaban su mejor juego, sabían que podían ganar a cualquiera, incluso a los campeones de Europa.

«¡Este es el partido que estabais esperando, chicos!», les dijo Emery en el vestuario. «Quiero que salgáis sin miedo esta noche».

Kylian miró a su alrededor: Neymar Jr., Edinson, Marco, Dani Alves, Thiago Silva... Todos estaban motivadísimos y preparados para darlo todo.

«¡Vamos a ganar este partido!», gritó el equipo a la vez.

Cuando saltó al terreno de juego, Kylian se quedó impresionado por la atmósfera del estadio. Era como estar rodeado por cuatro paredes con un ruido ensordecedor. Así animaban 80 000 aficionados. ¡Guau!

Kylian miró hacia la grada y pudo ver una enorme pancarta azul en la que ponía: «¡VAMOS, REAL!». Sin duda, afrontaría su batalla más dura hasta el momento.

Cristiano fue el primero en rematar a puerta, pero el PSG marcó el primer gol. En la banda derecha, Kylian giró y se deshizo brillantemente de Marcelo. Mientras corría hacia delante, vio a Edinson en el primer palo y a Neymar Jr. en el segundo. Gracias al inteligente amago de Edinson, el centro de Kylian llegó hasta el brasileño. Bloquearon su disparo, pero el balón le cayó a Adrien Rabiot, quien anotó el primer tanto.

«¡Sí!», gritó Kylian, con los puños en alto.

Por ahora, todo iba saliendo a la perfección.

El Bernabéu se quedó en un silencio absoluto; Cristiano mostró su ira. No era buena idea enfadar a la estrella portuguesa. No pensaba permitir que su equipo cayera derrotado.

Dicho y hecho: logró el empate tras anotar un penalti justo al filo del descanso. Luego, en la segunda parte, volvió a marcar gracias a un remate a placer a diez minutos del final.

El partido de ida terminó con la victoria del Madrid por 3-1.

Kylian, dolido, acudió a saludar a Cristiano. «Buen partido», fue todo lo que pudo decirle a su héroe.

El 3-1 no era un resultado justo. El PSG había desperdiciado algunas oportunidades excelentes. En el vuelo de regreso, Kylian no podía dejar de pensar en las que él había desaprovechado: el disparo que se fue directo al portero o el centro que no llegó a controlar.

«Esto todavía no ha terminado. ¡Podemos ganarles en casa!», trató de consolarlo Neymar Jr.

Los dos equipos se volvieron a ver las caras en París al mes siguiente, en marzo de 2018. El Parque de los Príncipes recibió a su equipo cubierto de azul, blanco y rojo. Eran los colores del PSG y los colores de Francia. Esa vez, Kylian miró hacia arriba y vio una enorme pancarta roja en la que se leía: «ENSEMBLE, ON VA LE FAIRE!» ('¡Juntos, lo lograremos!').

Sin duda, el trabajo en equipo iba a ser clave en el plan de juego del PSG. Había once jugadores en el campo; no solo la MCN.

El Madrid podría haber logrado uno o dos goles, pero, al filo del medio tiempo, el marcador seguía como al principio. Entonces, Neymar Jr. filtró un gran pase para Kylian. El ángulo era complicado, pero decidió disparar de todos modos. Lamentablemente, el guardameta blanco logró atajar el balón.

«¡Tenías que haber centrado!», gritó Edinson, que estaba esperando en el centro del área para un remate fácil.

Kylian se llevó las manos a la cabeza. Había optado por la decisión equivocada.

«¡Lo lamento!».

Era exactamente eso lo que Deschamps le había dicho tras el empate de Francia contra Luxemburgo: Kylian tenía que aprender a aprovechar sus ocasiones. Si no lo hacía, su equipo no ganaría. Al inicio de la segunda parte, Cristiano marcó de cabeza: ¡el Madrid se ponía 4-1 en el global de la eliminatoria!

Kylian sintió el tanto como un mazazo. La eliminatoria parecía zanjada. Edinson logró marcar un gol, pero no fue suficiente. Estaban eliminados de la Champions League.

PSG 2-Real Madrid 5; Kylian 0-Cristiano 3.

«Esta vez no ha sido posible, pero la próxima seguro que lo conseguiremos, ¿vale?», trató de consolarlo Thiago Silva al final del partido.

Kylian asintió, pero en su cabeza seguía preguntándose: «¿Por qué no le pasé ese balón a Edinson?».

Le llevaría unos días superar la decepción, pero, por suerte, Kylian tenía otros objetivos por delante. El PSG aún podía ganar otro triplete francés.

CAPÍTULO 20

UN PSG VICTORIOSO

El PSG había ganado su primer título de la temporada 2017-18 en julio de 2017: el Trofeo de Campeones. Kylian disputó ese partido, pero lo hizo con el equipo perdedor, el Mónaco.

«¡Ese no cuenta!», decidió, y Neymar Jr., quien ni siquiera había participado en el partido, estuvo de acuerdo; solo Edison disputó ese partido en las filas del PSG.

Así que Kylian y Neymar Jr. estaban ansiosos por ganar nuevos títulos con el PSG. El equipo estaba eliminado de la Champions League, pero lideraba la Ligue 1, se había clasificado para las semifinales de la Copa de Francia y había alcanzado la final de la Copa de la Liga.

Kylian se había propuesto que la Copa de la Liga fuera su primer trofeo con el PSG. Para ello, tendrían que derrotar a su antiguo club, el Mónaco. En los días previos a la final, en marzo de 2018, hubo muchas bromas y piques amistosos entre Kylian y sus excompañeros Radamel, Fabinho y Thomas.

«¡La MCN va a por vosotros!».

«¡Ja, ja, no nos dais miedo!».

«Claro, claro, claro... ¡Vas a tener que conformarte con ser subcampeón, colega!».

En el enfrentamiento previo de ambos conjuntos en la Ligue 1, Kylian había firmado uno de sus peores partidos de la temporada. El PSG ganó, pero él falló muchísimas ocasiones. No estaba dispuesto a que se repitiera. Con Neymar Jr. lesionado, la presión era enorme. Tenía que rendir a su máximo nivel.

En el minuto ocho de la final, Kylian recibió el balón de espaldas a la portería. Giró con rapidez y salió disparado, dejando atrás a Youri Tielemans...

... luego, a Jemerson...

... y, después, a Fabinho...

... hasta que, al final, Kamil Glik le hizo falta.

«¡Eh! Ha sido penalti. ¡Que lo revise el VAR!», gritó Kylian tras levantarse del suelo.

El árbitro esperó el veredicto del VAR... ¡Penalti! Edinson tomó carrerilla y marcó.

¡1-0!

«¡Sí!», celebró Kylian, con los dos brazos en el aire.

Pero aún quedaba mucho partido por delante. Poco después, Kylian volvió a recibir el balón justo al borde de su propia área y salió disparado al contraataque. Su velocidad era tan explosiva que nadie pudo alcanzarlo. Justo antes de la línea de medio campo, Kylian levantó la cabeza y vio a Ángel libre por la izquierda. El pase fue perfecto.

¡2-0!

En la segunda parte, Kylian volvió a encarar el área rival y, esa vez, filtró un pase para Edinson.

¡3-0!

Kylian quería meter un gol, aunque un *hat-trick* de asistencias tampoco estaba nada mal. Al sonar el pitido final, golpeó el aire con el puño y, luego, abrazó a sus antiguos compañeros.

«Colega, hoy nos has destrozado», admitió Fabinho.

Kylian sonrió. «Lo siento, ¡vuestros mensajes me motivaron un poquito...!».

En lugar de medallas, los jugadores del PSG recibieron una versión en miniatura de la Copa de la Liga.

«¡Ya sé dónde voy a beber esta noche!», bromeó Dani Alves.

Kylian celebraba la victoria con las manos llenas. No solo sostenía una pequeña Copa de la Liga, sino también el premio al mejor jugador del partido. Como gran aficionado al baloncesto, Kylian se proclamó el jugador mejor valorado (MVP, por sus siglas en inglés) en las redes sociales. ¡Qué noche!

«¡Hurra!», gritó cuando el capitán Thiago Silva levantó la copa.

Al día siguiente, Kylian ya preguntaba: «Bien, ¿y ahora qué?».

Su hambre de títulos nunca se saciaba.

El segundo trofeo que Kylian ganó con el PSG fue el título de la Ligue 1. La superioridad del PSG era simplemente abrumadora. ¡Solo habían perdido dos partidos de liga en toda la temporada! La plantilla contaba con tantos buenos jugadores que ni siquiera echaron de menos a Neymar Jr.

Kylian marcó un gol con la izquierda contra el Metz y, luego, dos con la derecha frente al Angers SCO.

«¡Ya casi lo tenemos!», gritó mientras celebraba con Edinson y con el lateral izquierdo Layvin Kurzawa.

A mediados de abril, el PSG aventajaba en 14 puntos al segundo en la clasificación. Una victoria más bastaría para proclamarse matemáticamente campeón. ¿Y quién era su próximo rival? ¡El Mónaco!

Kylian estaba deseando jugar de nuevo contra su antiguo club, pero Emery apostó en ataque por Edinson, Ángel y Javier Pastore. ¿Cómo? ¡No podía ser!

«Lo lamento, pero el miércoles tenemos la semifinal de la Copa de Francia», le explicó su entrenador. «Te necesito en plena forma para ese partido».

Kylian se sentó junto al resto de los suplentes mientras sus compañeros marcaban un gol tras otro. En el descanso, ¡ya ganaban 4-1! Estaba tan aburrido y frustrado que empezó a darse cabezazos contra el respaldo del banquillo.

«Esto es una tortura», murmuró.

A pesar de todo, no dudó en unirse a la celebración del equipo después de que sonara el pitido final. «¡CAMPEONES DE LA LIGUE 1!», publicó en Instagram junto a una foto de todos los jugadores del PSG.

Al día siguiente ya estaba preguntando: «Bien, ¿y ahora qué?».

La respuesta era la Copa de Francia, el último título para que el PSG lograra el triplete. Tras haber descansado contra el Mónaco, Kylian estaba decidido a ser la estrella del partido en semifinales. ¡Que temblara el Caen!

Ángel se la pasó a Edinson, que centró para Kylian.

¡1-0!

¡Goool!

¡Qué gran gol de equipo! Kylian saltó a los brazos de Edinson y golpeó el aire con el puño.

«¡Vamos!», gritó.

El Caen empató justo antes del descanso, pero los jugadores del PSG mantuvieron la calma. Siempre creían que podían marcar otro gol.

Ángel le dio un taconazo a Edinson, que centró para que Kylian anotara de nuevo.

¡2-1!

Esa vez fue Ángel quien saltó sobre la espalda de Kylian.

«¿Cómo nos podríamos llamar nosotros tres? ¿La DMC?», sugirió el argentino.

Edinson negó con la cabeza y dijo: «Mejor la CMD».

«Ni hablar. ¡Tiene que ser la MCD!», discrepó Kylian.

Gracias al vigesimoprimer gol de Kylian en la temporada, el PSG se clasificó para la final de la Copa de Francia. Sus rivales serían Les Herbiers.

«¿Quién?», se preguntaron muchos jugadores y aficionados del PSG.

Incluso Kylian no sabía mucho sobre este equipo, ¡y eso que era el mayor aficionado al fútbol de Francia! No obstante, tenía claro lo más importante: ¡el PSG iba a ganarles!

«No subestiméis a Les Herbiers. ¡Saldrán muy motivados!», advirtió Emery a sus jugadores antes de saltar al Stade de France.

Pero Kylian también lo estaba. Quería lograr su tercer trofeo con el PSG. En los primeros 10 minutos, el PSG chutó al poste dos veces: primero Giovani Lo Celso y luego Kylian.

«¿Cómo puede ser que no haya entrado esa pelota?», se lamentó, levantando los brazos con frustración.

Ángel remató de cabeza por encima del larguero y, más tarde, Giovani rozó el poste de nuevo. ¿Qué estaba pasando?

«Paciencia. Solo es cuestión de tiempo que entre la pelota», les dijo Edinson a sus compañeros.

A la tercera fue la vencida. Mientras avanzaba con el balón, Kylian hizo una carrera inteligente para abrir un espacio para Giovani, quien colocó un tiro envenenado al ángulo inferior.

¡1-0!

«¡Por fin!», se dijo Kylian.

Sin embargo, su frustración continuó en la segunda mitad. Kylian pensó que había logrado el 2-0, pero el gol se anuló por mano.

«¡No ha sido mano, árbitro!», protestó, pero no sirvió de nada.

Por suerte, Edinson pronto marcó un penalti y aseguró la victoria al fin.

«¡Bien hecho, chicos!» celebró Neymar Jr. El brasileño aún no estaba en condiciones de jugar, pero ya había regresado a París y llevaba con orgullo la camiseta del PSG.

«¡Déjame levantarla!», suplicó Neymar Jr. mientras paseaban el trofeo de la Copa de Francia frente a los aficionados.

Kylian sonrió y dejó que su amigo sujetara una de las asas del trofeo. Solo una, eso sí: ¡se negó a soltar el trofeo por completo!

Y así terminó la exitosa primera temporada de Kylian en el PSG: 21 goles, 15 asistencias y tres trofeos. Unos días después, sin embargo, posó con los cuatro trofeos que había ganado el club, levantando cuatro dedos para la cámara.

«¡Mentiroso, perdiste aquella final del Trofeo de Campeones!», le recordó Thiago Silva con una gran sonrisa. «¿O es que jugaste mal a propósito?».

CAPÍTULO 21

PREPARADO PARA RUSIA

Aunque la temporada de clubes 2017-18 ya había terminado, Kylian todavía tenía un verano muy ajetreado por delante. En lugar de relajarse en la playa, disputaría con Francia la Copa Mundial 2018. O eso esperaba…

Deschamps contaba con muchos jugadores increíbles entre los que elegir, y solo 23 de ellos podían ir a Rusia. ¿Sería uno de los elegidos? Desde que vio a Henry y a Zidane en 2006, había soñado con jugar una Copa Mundial. Era el torneo de su vida y no quería perdérselo.

«¡Nos vemos en Rusia!», le dijeron sus compañeros brasileños del PSG: Neymar Jr., Thiago Silva y Marquinhos.

«¡Nos vemos en Rusia!», le dijeron sus compañeros argentinos: Ángel y Giovani.

«¡Nos vemos en Rusia!», le dijo su compañero uruguayo, Edinson.

Kylian cruzó los dedos con fuerza. No podía quedarse fuera. ¡Francia necesitaba un jugador joven y creativo en su plantilla! Pero ¿había hecho méritos suficientes para demostrarle a Deschamps que estaba listo para ir a Rusia?

Quizá en los partidos de clasificación para la Copa Mundial, Kylian no había mostrado su mejor versión, aunque ya había quedado patente parte de su potencial: había lanzado un balón al travesaño en el amistoso contra Gales y, luego, había asistido a Alexandre contra Alemania y a Thomas contra Colombia.

«Ahora solo tienes que empezar a marcar goles para Francia como lo haces en el PSG», le dijo su hermano menor, Ethan, que ya formaba parte del equipo juvenil del club. «¡Sé que puedes hacerlo!».

Fue en el siguiente amistoso contra los anfitriones de la Copa Mundial, Rusia, donde Kylian finalmente mostró de qué era capaz. Con Antoine y Olivier en el banquillo, él era el delantero estrella de Francia e incluso llevaba el dorsal 10. Esa era su gran oportunidad para impresionar al seleccionador.

«¡Vamos, enseñémosles a los veteranos cómo se juega!», le dijo Kylian a sus compañeros Paul y Ousmane.

Fue precisamente Paul quien le puso el pase perfecto justo antes del descanso. Kylian se coló entre dos defensas, se perfiló hacia el interior y disparó al ángulo inferior. ¡1-0 para Francia!

«¡Fácil!», dijo con una gran sonrisa mientras chocaba la mano con Paul.

En la segunda parte, Kylian marcó de nuevo y ese tanto se convirtió en uno de sus favoritos. Desde el lado izquierdo del área, dejó al defensor ruso en evidencia con dos acciones increíbles: primero una bicicleta, y después un caño. En realidad, fue un doble caño, porque, luego, su disparo pasó también entre las piernas del portero.

Los aficionados franceses en San Petersburgo enloquecieron con el gol de Kylian.

«¡Menudo golazo, colega!», bromeó Paul, mientras le daba una palmada juguetona en la cabeza.

Deschamps estaba encantado con la actuación de Kylian. Cuando lo sustituyeron unos minutos después, recibió un abrazo y una fuerte palmada en la espalda por parte de su entrenador.

«¡Cuando juegas así, eres imparable!», le dijo el seleccionador a continuación.

Tras esa actuación, Kylian se sentía tranquilo y confiado mientras esperaba el anuncio de la lista de jugadores de la selección francesa para la Copa Mundial. Con su velocidad y con su habilidad, el entrenador tenía constancia de que podía ser un auténtico revulsivo en cualquier partido.

Por fin, se publicó la lista. Los delanteros serían: Antoine, Olivier, Ousmane, Nabil, Florian y… ¡Kylian!

«Mi primera Copa Mundial. ¡UN SUEÑO!», publicó de inmediato en las redes sociales.

Cuando debutó con la selección, Kylian se había sentido como un niño con zapatos nuevos. Ahora, estaba ansioso por pasar el verano con muchos de sus mejores amigos en el fútbol. Benjamin, Thomas, Ousmane, Paul, Antoine… ¡Qué grupo más divertido tenía Francia!

La preparación para la Copa Mundial empezó en la antigua academia juvenil de Kylian, Clairefontaine. Se centraron en la táctica y en la condición física, pero, sobre todo, en fortalecer el espíritu de equipo.

«Espíritu francés», escribió Benjamin bajo una foto en Instagram, en la que llevaba a Kylian a caballito por el campo de entrenamiento.

En otra imagen, Kylian y Paul se peleaban en el césped.

Aunque se lo pasaban muy bien juntos, los jugadores franceses estaban completamente concentrados en ganar la Copa Mundial 2018. Kylian no había jugado la final de la EURO 2016 contra Portugal, pero aún sentía el dolor de aquella derrota desastrosa. Su tarea era conseguir que su país volviera a sentirse orgulloso de su selección.

Ahora que ya había asegurado su participación en la Copa Mundial, Kylian se marcó un nuevo objetivo: entrar en el once titular. Después de todo, ¡no había nada que odiara más que estar sentado en el banquillo!

Kylian había sido titular en los tres partidos de preparación e incluso había logrado marcar un tanto en el último, contra Estados Unidos.

¿Sería ese el equipo titular de Deschamps, con Paul, N'Golo Kanté y Blaise Matuidi en el centro del campo, y Kylian, Antoine y Olivier en ataque? ¡Eso esperaba!

Cuando se anunciaron los dorsales, Kylian levantó con gran ímpetu el puño al aire. ¡Llevaría el dorsal 10! Todos estaban contentos: Paul llevaba el 6, Antoine el 7, Olivier el 9, Ousmane el 11 y Benjamin el 22.

«¡Tengo un presentimiento genial!», les dijo Kylian a sus compañeros mientras partían hacia su aventura en Rusia.

En el cuartel general en Moscú, los jugadores tenían todo lo que necesitaban: grandes camas de lujo, las mejores instalaciones para entrenar y alguna PlayStation para jugar al FIFA.

«¡Poneos cómodos porque no volveremos a casa hasta ganar la final!», les dijo Deschamps, confiado.

«¡Sí!», exclamaron todos a la vez.

El primer rival de Francia en el Grupo C sería Australia. No tenía muchos jugadores conocidos, pero eso no significaba que fuera un partido fácil. Kylian sabía que, en una Copa Mundial, no existen los partidos fáciles.

La joven estrella francesa esperó impaciente que se anunciara el once inicial. Finalmente, recibió la gran noticia, formaría parte de la línea atacante junto con Antoine y con Ousmane.

«¡Vamos!», gritó Kylian, con los puños apretados.

Qué honor sería representar a Francia en la Copa Mundial. Kylian quería demostrar su calidad desde el primer encuentro, pero el portero australiano detuvo su único disparo de la primera mitad.

«¡Sigue haciendo esos desmarques!», lo animó Deschamps.

Así lo hizo, pero no le llegó ningún pase en condiciones. Tras 70 minutos, Olivier sustituyó a Ousmane y rescató a Francia. Gracias a su potencia, le sirvió el gol en bandeja a Paul. ¡Qué alivio! Había sido un partido flojo de Francia, pero al menos habían logrado la victoria.

«Tendremos que jugar mucho mejor contra Perú», les advirtió el capitán Hugo Lloris.

El único cambio de Deschamps para el siguiente partido fue incluir a Olivier en el once inicial en lugar de Ousmane. Kylian tendría otra oportunidad de demostrar su valía.

Hacia la mitad de la primera parte contra Perú, Paul recuperó el balón en el centro del campo y se lo entregó a Olivier. Su disparo impactó en un defensor peruano, pasó por encima de la cabeza del portero hasta caer a los pies de Kylian, quien anotó a puerta vacía.

¡1-0! ¡Gooool!

¡Fue un momento irrepetible! Kylian había marcado su primer gol en una Copa Mundial con solo diecinueve años. Y, por si fuera poco, se convertía en el goleador más joven de la historia de Francia en esa competición. Seguro que llegarían muchos más. Pero tocaba disfrutarlo. Antoine se unió a la celebración de Kylian y ambos posaron con los brazos cruzados.

«*Allez Les Bleus! Allez Les Bleus!*», coreaban los aficionados.

Con Kylian en ese estado de forma, ¿podría Francia optar a ganar la Copa Mundial?

CAPÍTULO 22

EL PARTIDAZO CONTRA ARGENTINA

Deschamps decidió dar descanso a Kylian en el último partido de la fase de grupos contra Dinamarca. Fue una decisión acertada porque quería que su joven estrella llegara lo más fresco posible al duelo de octavos de final contra Argentina.

Kylian estaba deseando enfrentarse a sus compañeros argentinos del PSG, Ángel y Giovani, y, por supuesto, a su gran estrella, Lionel Messi. Cristiano había sido su gran ídolo de la infancia, pero Messi estaba sin duda entre sus cinco referentes principales. ¡Era toda una leyenda!

No obstante, los tiempos estaban cambiando. Messi tenía ya treinta y un años, y Cristiano, treinta y tres. Kylian, en cambio, solo tenía diecinueve. Muchos lo veían como el futuro dominador del fútbol mundial, pero él quería ser también el presente. Estaba listo para convertirse en una estrella de la Copa Mundial. ¿Y qué mejor manera de demostrarlo que derrotando a la Argentina de Messi?

«¡Vamos! Si Croacia pudo derrotarlos, nosotros también podemos», animó Paul a sus compañeros.

Deschamps, sin embargo, no se dejaba llevar por la euforia. «Cualquier equipo que tenga a Messi y a Di María es peligroso», advirtió el seleccionador francés a sus jugadores. «Claro que podemos ganarles, pero tenemos que mantener la cabeza fría».

El ruido en el Kazán Arena era ensordecedor cuando los dos equipos saltaron al campo para el inicio del partido. Francia contaba con muchos menos aficionados que Argentina, pero cantaban el himno nacional con todas sus fuerzas. En el campo, Kylian hacía lo mismo, como cuando era un niño. Estaba muy orgulloso de representar a su país en una Copa Mundial.

Kylian comenzó el partido de manera espectacular. En cuanto recibió el balón, giró y se abrió camino por el centro, regateando hasta llegar al borde del área. Al final, Javier Mascherano tuvo que lanzarse y derribarlo. Sin duda, Argentina parecía tener serios problemas.

«¡Buen trabajo, colega!», aplaudió Antoine.

Su falta directa impactó en el larguero. ¡Por qué poco!

No pasaba nada. Francia tendría muchas más oportunidades, porque Kylian había hecho los deberes. Sabía que la velocidad era la mayor debilidad de Argentina.

Cinco minutos después, Kylian recibió el balón muy atrás, en su propio campo, y arrancó de nuevo a correr a toda velocidad:

Superó a Éver Banega…

… después, a Nicolás Tagliafico…

… y, por último, también a Mascherano.

¡Qué exhibición! A Kylian solo le quedaba por superar al central argentino, Marcos Rojo. ¡Sin problema! Se adelantó el balón y siguió corriendo. Al esprint, nadie podría vencerlo. Rojo lo sabía, así que derribó a Kylian. ¡Penalti!

«¡Increíble! ¿Estás bien?», preguntó Olivier mientras ayudaba a su compañero a levantarse.

Kylian asintió con cara seria. ¡Había estado a punto de marcar otro gol en la Copa Mundial! Pero había logrado un penalti, y Antoine no falló.

¡1-0!

Kylian estaba disputando su mejor partido internacional hasta la fecha. Unos minutos más tarde, volvió a arrancar con velocidad y, esa vez, lo derribaron justo al borde del área. Lamentablemente, la falta lanzada por Paul salió desviada.

Del posible 2-0, se pasó al empate a uno tras un remate espectacular de Ángel Di María.

Y, nada más empezar la segunda parte, Argentina marcó de nuevo. ¡2-1! Francia necesitaba la magia de Kylian ahora más que nunca.

El lateral derecho Benjamin Pavard anotó un magnífico gol para volver a poner las tablas en el marcador. Si Francia no marcaba otro tanto, el partido se decidiría en los penaltis...

Kylian no iba a permitir que eso pasara. Esa era su Copa Mundial. Cuando el balón le llegó en el área, mantuvo la calma a pesar de la multitud de jugadores que había a su alrededor. Primero, controló el balón. Con un segundo toque, superó a Rojo. Y, a continuación, ejecutó un disparo letal con la zurda.

¡Goool!

Kylian se deslizó de rodillas sobre el césped, con los brazos cruzados sobre el pecho. La misma celebración de siempre, pero en un momento irrepetible. De inmediato, el joven Kylian se vio en el suelo rodeado por todo el equipo francés, incluidos los suplentes.

«¡Eres muy grande!», le felicitó Benjamin.

Cerca de la línea de medio campo, Messi miraba al suelo, completamente abatido.

«¡Tomen nota; todo indica que hay un nuevo héroe con el número 10!», exclamaba un comentarista en televisión.

Mientras Kylian trotaba de vuelta al centro del campo, chocó el pecho con Antoine. Su confianza estaba por las nubes y quería más. Y lo logró cuatro minutos después. Olivier le filtró el balón y Kylian lo colocó con calma en la esquina inferior.

¡Goool!

¡4-2!

Los jugadores suplentes saltaron otra vez del banquillo para celebrar el tanto con el nuevo héroe francés de la Copa Mundial. Gracias a la increíble actuación de Kylian, elegido mejor jugador del partido, ¡Francia estaba en los cuartos de final! Kylian chocó el pecho con Ousmane y, luego, le dio un abrazo a Olivier en agradecimiento.

«¡Este partido pasará a la historia!», predijo Antoine.

Y, sin duda, lo haría, porque Kylian se había convertido en el segundo adolescente de la historia en marcar dos goles en un partido de una Copa Mundial. ¿Quién fue el primero? Nada menos que el Rey del fútbol, Pelé, en 1958. ¡Qué honor!

A cinco minutos del final, Deschamps le dio a Kylian un merecido descanso. Sin embargo, no fue una decisión popular. Los aficionados querían que siguiera en el campo... y él también. ¡Quería lograr un *hat-trick*! Mientras se retiraba poco a poco, su nombre retumbaba por todo el estadio:

«¡Mbappé! ¡Mbappé! ¡Mbappé!».

Kylian aplaudió a la grada y, luego, recibió un abrazo de su orgulloso entrenador.

«¡Increíble!», fue todo lo que Deschamps pudo decir.

Tras el pitido final, Kylian dio una vuelta al campo con una gran sonrisa. Le hubiera gustado que ese momento maravilloso no terminara nunca. A continuación, le estrechó la mano a todos los jugadores de Argentina, incluido su número 10.

«Buen partido», dijo Kylian al ver la desesperación en el rostro de Messi.

El fútbol podía ser un juego muy cruel a veces.

«Igualmente», respondió el argentino con cortesía. «Hoy has sido el mejor jugador del encuentro».

La brillante carrera futbolística de Messi estaba lejos de terminar, pero, esa noche, había nacido una nueva superestrella mundial.

CAPÍTULO 23

CAMPEÓN DEL MUNDO

«¿Cómo te encuentras, 37?», preguntó Florian mientras los jugadores de Francia se preparaban para los cuartos de final contra Uruguay.

Ese era el nuevo apodo de Kylian, porque, durante el increíble partido contra Argentina, había alcanzado una velocidad máxima de 37 kilómetros por hora. ¡La misma velocidad que Usain Bolt en los 100 metros lisos de los Juegos Olímpicos!

«Digamos que pronto me estaréis llamando 40», respondió Kylian con confianza.

Sus compañeros contaban con él para que repitiera la misma exhibición en los cuartos de final. Sería la prueba más difícil para Francia hasta ese momento. Uruguay tenía dos dúos letales: Diego Godín y José María Giménez en defensa; y Luis Suárez junto con Edinson Cavani, compañero de Kylian en el PSG, en ataque.

Uruguay ya había eliminado a la Portugal de Cristiano y, ahora, querían hacer lo mismo con Francia. A pesar de no poder contar con Edinson, seguían siendo un rival muy peligroso.

«Si seguimos nuestro plan de juego, ganaremos», aseguró Deschamps a sus jugadores antes del inicio del partido.

El plan era simple: mantenerse organizados, trabajar duro y jugar en equipo.

Al igual que contra Argentina, los aficionados franceses eran minoría en el estadio. ¡Parecía que toda Sudamérica hubiera viajado a Rusia ese verano! Pero a Kylian no le iba a intimidar un público ruidoso. Estaba concentrado al cien por cien en su objetivo: llevar a Francia a las semifinales del Mundial.

Cada vez que Paul o Antoine recibían el balón en el centro, buscaban a Kylian en la banda. Aunque los defensas uruguayos eran excelentes, ¡nadie podía seguirlo en plena carrera! Olivier también trató de buscar a la joven estrella, y lo logró a los 15 minutos, cuando le pasó el balón de cabeza.

«¡Vamos, Kylian!», le animaban los aficionados franceses.

En el partido contra Argentina, el joven delantero había demostrado que era capaz de cualquier cosa.

A pesar de tener tiempo de sobra para controlar el balón y rematar, cabeceó de primeras y la pelota se marchó por encima del larguero.

«¡Noooo!», se lamentó Kylian con la cabeza entre las manos. ¡Qué gran oportunidad desperdiciada!

Aún quedaba tiempo para enmendar su error. Kylian no dejó de intentarlo, pero, esa vez, no fue él quien decidió el partido para Francia. No importaba, porque ganar una Copa Mundial requiere la aportación de todos los jugadores. Raphaël Varane y Antoine Griezmann marcaron los goles para derrotar a Uruguay. ¡2-0, misión cumplida!

«Nos vemos en la semifinal», escribió Kylian en Instagram, con un gran pulgar hacia arriba.

¿Quién sería su próximo rival?

De camino al cuartel general, muchos jugadores se relajaron jugando a las cartas o viendo una película, pero Kylian prefirió ver el otro gran partido de cuartos entre Bélgica y la Brasil de Neymar Jr. No se quería perder detalle, porque Francia tendría que enfrentarse a los vencedores. El partido terminó 2-1 a favor de Bélgica.

«¡A por ellos!», le dijo Kylian a Antoine cuando hablaron del próximo rival en el avión.

Para proclamarse campeones, tendrían que derrotar a los mejores. Bélgica también contaba con un ataque impresionante, con jugadores como Romelu Lukaku, Kevin De Bruyne y el rival de Kylian con el número 10, Eden Hazard. Sin duda, sería un partidazo.

¿Estaba Kylian nervioso antes del encuentro más importante de su vida? No, al contrario; ¡se quedó profundamente dormido durante el vuelo a San Petersburgo! Benjamin le sacó una foto a escondidas y la subió a las redes sociales.

«¡Kylian soñando con los angelitos antes del gran partido!», bromeó Benjamin.

En la semifinal de la Copa Mundial, Francia volvió a ceñirse a su plan de juego. En cuanto Paul recibió el balón en el centro del campo, Kylian salió disparado para colarse entre los centrales belgas. Lo logró, pero, lamentablemente, el portero belga, Thibaut Courtois, llegó antes a la pelota.

«¡Por poco!», pensó Kylian mientras volvía a su posición.

Sabía que, en una semifinal tan reñida, un solo gol podía bastar para ganarla.

Era muy importante que Francia lograra marcar primero. Antoine colgó el balón para Kylian, quien lo puso de primeras para Olivier. Este estiró la pierna izquierda, pero su disparo salió rozando el poste. Ambos se quedaron con las manos en la cabeza. ¿Cuántas ocasiones claras más tendrían?

Más tarde, Kylian filtró un pase para Benjamin Pavard, pero Courtois realizó una gran parada.

«¡Otra vez no!», murmuró Kylian para sí.

Sin embargo, justo cuando la frustración iba en aumento, Francia logró marcar. Antoine sacó un córner con rosca y Samuel Umtiti cabeceó el balón al fondo de la red.

¡1-0!

Kylian cogió el balón de la portería y lo chutó con fuerza al aire.

«¡Vamos!», gritó.

Restaban 40 minutos para que Francia se metiera en la final de la Copa Mundial. Era el momento ideal para marcar un segundo gol que sentenciara el partido. Kylian le hizo un increíble pase de tacón a Olivier, pero bloquearon su disparo. Al final, Francia logró mantener la ventaja hasta que el partido terminó.

Allez Les Bleus! Allez Les Bleus! Allez Les Bleus!

«¡Sí!», gritó Kylian, con el puño en el aire.

Todos los suplentes saltaron al terreno de juego para unirse a la celebración. Estaban a solo un paso de alzarse con el trofeo de la Copa Mundial.

«¡UN SUEÑO!», escribió Kylian en Instagram junto a varias fotos del enfrentamiento.

Todo estaba preparado para el partido más importante de su carrera: Francia contra Croacia. Con solo diecinueve años, Kylian estaba a punto de jugar su primera final de una Copa Mundial.

El día de la final, se despertó con el móvil lleno de mensajes de sus amigos, familiares, compañeros de equipo y entrenadores, en los que le deseaban buena suerte. No tuvo tiempo de responder a todos, pero le sirvieron para motivarse de cara a su gran día.

«¡Vamos!», gritó el capitán y portero de Francia, Hugo Lloris, aplaudiendo con los guantes en el túnel de vestuarios.

El ambiente dentro del estadio Luzhnikí de Moscú era increíble. Supuestamente, había más aficionados croatas que franceses, pero no lo parecía. Ambos himnos nacionales se cantaron con fuerza y con orgullo. Cuando terminó el himno de Croacia, un rugido recorrió todo el estadio. ¡Había llegado el momento de que comenzara la final!

La primera parte fue muy emocionante, aunque Kylian no pudo disfrutar mucho de su juego. La defensa de Croacia lo tenía bien atado. En su lugar, fue Antoine quien acaparó todos los focos gracias a una falta lanzada con picardía y, después, a un penalti muy bien ejecutado. Francia 2-1 Croacia.

«Ahora tenemos que tranquilizarnos y controlar el ritmo del partido. ¡Hay que jugar con inteligencia!», les dijo Deschamps a sus jugadores durante el descanso.

Eso fue exactamente lo que hizo Francia en la segunda parte. Estuvieron más sólidos en defensa y aprovecharon la velocidad de Kylian al contraataque.

Paul levantó la cabeza y le puso a Kylian un pase en profundidad perfecto. Kylian llegó antes que los defensas croatas y dejó el balón atrás para Antoine. Este se lo cedió a Paul para que rematara. Su primer disparo fue flojo, pero el segundo rozó la perfección. ¡3-1!

¿Partido sentenciado? No, aún quedaba mucho tiempo y Kylian también quería marcar. Cuando el balón le llegó al borde del área, no lo dudó. Conectó un potente chute y la pelota entró por toda la escuadra ante la mirada atónita del portero croata.

¡Qué golazo!

Apenas acabó de realizar su icónica celebración, se vio rodeado por todos sus compañeros.

«¡Eres un *crack*!».

«¡Menudo golazo!».

«¡Lo has conseguido, 37!».

Allez Les Bleus! Allez Les Bleus! Allez Les Bleus!

¡Qué manera tan espectacular de cerrar su exitosa participación en la competición! Cuatro goles, 21 regates, un esprint a 37 kilómetros por hora, un premio al mejor jugador joven (aunque el croata Luka Modrić se llevaría el de mejor jugador) y una medalla de campeón del mundo. Y, por si fuera poco, Kylian se convirtió en el segundo adolescente de la historia en marcar en una final de una Copa Mundial. No pudo superar el récord de Pelé, pero el veterano Rey del fútbol reconoció igualmente su increíble logro:

«Bienvenido al club», le escribió a Kylian en las redes sociales, y, después, le envió una camiseta del Santos firmada.

Los días siguientes fueron un torbellino de emociones. Pero, entre todas las celebraciones, Kylian encontró tiempo para publicar no una, sino DOS fotos besando el trofeo de campeones del Mundo.

«¡HISTORIA ETERNA!», proclamó.

Al principio, le costó asimilar todo lo que había logrado; ¡con solo diecinueve años, ya era campeón del mundo!

«¡Ya te puedes retirar!», bromeó su padre, Wilfried.

¿Le quedaba algo más por ganar? Sí, ¡muchos títulos! Kylian era un jugador muy ambicioso.

Tras unas cortas vacaciones en Ibiza, regresó a París y se centró en su siguiente objetivo: ganar la Champions League. El chico de Bondy se había convertido en una estrella mundial, pero apenas estaba empezando su andadura en el mundo del fútbol.

CAPÍTULO 24

EL RETO DE LA CHAMPIONS LEAGUE CON EL PSG

Al ser el club más importante y poderoso de Francia, se esperaba que el PSG ganara muchos títulos cada temporada, y Kylian ayudó a lograrlo. En la temporada 2018-19, fue el máximo goleador con 33 goles que sirvieron para imponerse en la Ligue 1, y, un año después, también ganaron las dos copas nacionales para completar el triplete francés. Ya había sido una temporada tremendamente exitosa para el PSG, pero ¿podría mejorar? En agosto de 2020, se ganaron la oportunidad de sumar un cuarto título y lograr algo histórico a la vez: la Champions League.

«¡Vamoooooos!», rugió el capitán del PSG, Thiago Silva, mientras lideraba a su equipo hacia el terreno de juego en Lisboa, Portugal, para disputar la final contra el coloso alemán del Bayern Múnich.

Con el estadio vacío por las restricciones a causa de la pandemia de la COVID-19, los jugadores tendrían que motivarse y animarse unos a otros. Pero, mientras saltaba al campo al final de la fila junto a Neymar Jr., Kylian no necesitaba motivación extra. Había soñado con ese momento desde que era un niño, y estaba deseando convertirse en el héroe del PSG.

Kylian se había perdido la final de la Copa de la Liga por una lesión en el tobillo, y, en la final de la Copa de Francia, Neymar fue quien marcó el gol decisivo. ¿Lograría Kylian ser la estrella en la final más importante de todas?

Pegado a la banda izquierda, esperó con paciencia a que sus compañeros recuperaran el balón en el centro del campo para salir disparado hacia la portería con su velocidad eléctrica. Cuando recibió el esférico, Kylian levantó la cabeza y vio la llegada de Neymar por el centro. Le sirvió un pase genial entre líneas y confió expectante en que el balón acabara en la red… Pero no, ¡Manuel Neuer logró atajar el disparo!

«¡Vaya!», se lamentó Kylian. ¡Qué cerca estuvo de un inicio perfecto para el PSG! No importaba; seguro que tendrían más ocasiones para marcar.

Unos minutos después, Kylian tocó el balón con habilidad hacia Neymar y, luego, salió disparado de nuevo, esa vez recorriendo el centro del campo como un delantero. Pero, en lugar de pasarle el balón, Neymar decidió combinar con Ángel Di María, y la ocasión quedó en nada.

«¡Aaaaargh!», exclamó Kylian, frustrado, aunque se negó a venirse abajo.

Solo necesitaba una buena oportunidad para marcar, y llegó cuando faltaban segundos para el final de la primera parte. El defensa del Bayern David Alaba trató de combinar con su compañero Joshua Kimmich, pero el pase acabó en las botas de Kylian, al borde del área. ¡PELIGRO!

Kylian se caracterizaba por mantener la calma y ser letal en el área, pero, en esa ocasión, titubeó. En lugar de disparar de inmediato, intentó regatear a Kimmich. Como vio que no podía superarlo, pasó el balón a Ander Herrera, quien se lo devolvió de pared. Al final, desequilibrado, Kylian solo pudo disparar a las manos de Neuer.

¡Noooooo; qué ocasión de oro desperdiciada! Kylian se marchó al vestuario furioso consigo mismo.

Y, cuando empezó la segunda parte, pronto se lamentó aún más de su fallo. En el minuto 59, Kimmich centró desde la derecha y el balón trazó una trayectoria con efecto hasta que llegó a la cabeza de Kingsley Coman, compañero de Kylian en la selección, quien remató en el segundo palo al fondo de la red. ¡1-0 para el Bayern Múnich!

Mientras observaba la jugada desde cerca de la línea de medio campo, a Kylian se le encogió el corazón, aunque, al menos, aún quedaba mucho tiempo para que el PSG intentara remontar.

Haciendo gala de su rápido y habilidoso manejo del balón, Kylian se abrió paso una vez más hacia el área del Bayern, y, mientras intentaba zafarse de dos defensores, sintió una patada en el talón.

«¡Penalti!», gritó Kylian al caer al suelo, pero el árbitro negó con la cabeza e indicó que siguiera el juego.

Se llegó al tiempo de descuento. Cinco minutos más para buscar el empate en la final de la Champions League. ¿Lo lograrían? En un último contraataque, Kylian encaró a la defensa del Bayern para finalmente filtrar un pase inteligente a Neymar. El brasileño giró y disparó a portería, pero el balón salió lamiendo el palo.

¡Otra ocasión malograda por un pelo! No hubo tiempo para más. El PSG perdió la final por 0-1.

Devastado, Kylian recorrió el campo, aceptando apretones de manos y abrazos, aunque nada podía consolarlo en ese horrible momento.

«Decepcionado por no acabar este año con el premio más hermoso, pero así es la vida. Luchamos con todas nuestras fuerzas. Felicidades al Bayern. Muchas gracias por vuestro apoyo durante este camino», escribió Kylian a sus seguidores después del partido.

Esa vez, no fue la noche del PSG, pero Kylian estaba decidido a ayudar a su club para que tuviera una nueva oportunidad.

En la Champions League 2020-21, Kylian reservó sus mejores actuaciones para los partidos más importantes.

En los octavos de final, marcó un *hat-trick* en el Camp Nou que sirvió para que el PSG derrotara al Barcelona de Lionel Messi. En esta ocasión, Kylian mantuvo la calma tras internarse en el área y colocó un disparo imparable a la escuadra.

¡4-1!

¡Golazo!

«Así sí», pensó Kylian, feliz mientras celebraba el tanto con todos sus compañeros.

El PSG avanzó a los cuartos de final, donde se enfrentaron de nuevo al... ¡Bayern Múnich! En el encuentro disputado en Alemania, Kylian se resarció de la dura derrota en la final. Primero, puso a su equipo por delante en el minuto tres, y, luego, mediada la segunda parte, volvió a batir a Neuer con un latigazo de su pierna derecha que entró pegado al palo y supuso el gol de la victoria.

¡2-3!

¡Goool!

Tras el partido, Kylian publicó un mensaje de tres palabras en las redes sociales: «SOMOS EL PSG».

Se habían clasificado para las semifinales de la Champions League por segundo año consecutivo, pero, en esa ronda, se toparon con el poderoso Manchester City de Pep Guardiola.

En casa, en el Parque de los Príncipes, Kylian no pudo evitar la derrota del PSG por 1-2. Además, luego, en el Etihad, se quedó en el banquillo por una lesión en el gemelo, y el PSG volvió a caer.

Otro año, otra decepción en la Champions League. El único consuelo que le quedaba a Kylian era tratar de ganar la EURO con Francia ese mismo verano.

CAPÍTULO 25

EL NUEVO LÍDER DE FRANCIA

Tras su magnífica Copa Mundial de 2018, Kylian llegó a la EURO 2020 con grandes expectativas. ¿Podría ayudar a que su país conquistara dos grandes títulos internacionales consecutivos? Ese era el plan y, con el regreso del delantero Karim Benzema para jugar junto con Kylian y Antoine Griezmann formando un temible tridente, no era de extrañar que Francia fuera la gran favorita para ganar la EURO.

Kylian, sin embargo, no se dejaba llevar por la euforia; él no era así. Al contrario, se mantenía tranquilo y afrontaba el torneo paso a paso, partido a partido: una victoria por 1-0 ante Alemania, un empate 1-1 contra Hungría y un nuevo empate 2-2 frente a Portugal. A continuación, lograron una sufrida victoria frente a Suiza en los octavos de final. Hasta ese encuentro, Kylian no había acabado de encontrar su mejor forma y esperaba hacerlo ahora que cada triunfo contaba para seguir con vida en el torneo. Pero, cuando empezaba a jugar con más soltura, Suiza se adelantó por sorpresa.

¿Sería Francia capaz de reaccionar? Al final, en la segunda parte, despertaron. Antoine filtró el balón para Kylian, que, esa vez, logró encontrar a Karim con un pase preciso. ¡1-1!

«¡Así sí!», pensó Kylian para sí mientras levantaba los puños al aire.

Francia volvía a meterse en el partido y, poco después, parecía encauzar de forma definitiva su pase hacia los cuartos de final gracias a los goles de Karim y Paul Pogba. ¡3-1!

Todo parecía indicar que el partido estaba finiquitado, pero Francia cometió el error de relajarse y Suiza lo aprovechó al máximo. Primero, Haris Seferović marcó de cabeza y, luego, en el último minuto, Mario Gavranović anotó un magnífico gol para lograr el empate. ¡3-3!

Kylian no se lo podía creer: ¡habían dejado escapar un 3-1 y ahora tendrían que jugárselo todo en una prórroga! Bueno, al menos, eso suponía otra oportunidad para convertirse en el héroe de Francia. En el minuto 110, llegó su gran ocasión. Kylian se quedó solo ante el portero, pero, en el momento decisivo, resbaló y su disparo salió rozando el poste.

¡Noooooooooo!

¿Qué? ¿Cómo? ¿Por qué? Era inexplicable, pero Kylian había desaprovechado la mejor y última oportunidad de Francia para lograr el gol de la victoria, y el partido se tendría que decidir en la tanda de penaltis.

De pie en la línea del centro del campo, Kylian observaba junto a sus compañeros cómo, uno tras otro, los jugadores avanzaban con calma y marcaban. ¡4-4! ¿Sería Admir Mehmedi el primero en fallar? No. Engañó tranquilamente a Lloris y envió el balón al lado contrario, dejando toda la presión al quinto lanzador francés, que sería… ¡Kylian!

Aún era joven y, durante el partido, no había estado afortunado de cara a puerta, pero era un jugador nacido para esos momentos decisivos en esos partidos trascendentales. Kylian se mostró tan sereno como siempre al acercarse al punto de penalti, colocó el balón y esperó el pitido del árbitro.

«Seguro que marca…», confiaban los aficionados franceses.

Kylian tomó carrerilla y decidió chutar a la izquierda del arco rival, pero su disparo quedó a la altura perfecta para que Yann Sommer lo rechazara con su mano izquierda.

¡PARADÓN!

¡NOOOOOOOO!

Kylian se dio la vuelta, desesperado, y se llevó las manos a la cabeza mientras los jugadores suizos corrían a celebrarlo con su portero. Se había acabado; su fallo desde los once metros significaba que Francia, la favorita del torneo, se eliminaba de la EURO 2020.

Mientras deambulaba por el campo aturdido, sus compañeros intentaban consolarlo, pero nada de lo que dijeran podía cambiar la realidad. Había pasado de ser el héroe de la Copa Mundial al villano de la EURO.

«Lamento haber fallado el penalti. Quería ayudar al equipo, pero fallé... Lo más importante es volver la próxima vez aún más fuerte», publicó Kylian en las redes sociales la mañana siguiente al partido.

Kylian cumplió con su promesa apenas tres meses después, cuando marcó el gol de la victoria en la final de la Liga de

Naciones de la UEFA 2021 contra España. Pero, aunque fue increíble volver a ser el héroe de Francia y levantar otro trofeo internacional, Kylian ya tenía la vista puesta en otro objetivo mucho más ambicioso: la Copa Mundial 2022.

Cuando arrancó el torneo en Catar, Kylian salió a por todas desde el primer partido. Logró un tanto de cabeza contra Australia; anotó dos goles frente a Dinamarca; y, a continuación, dos auténticos golazos más contra Polonia, en un partido que calificaron como «el *show* de Mbappé».

Con Kylian liderando la selección, Francia volvió a meterse en la final del Mundial, donde se verían las caras nada más y nada menos que contra la Argentina de Messi. Solo podía haber un ganador, pero ¿sería el maestro Messi o Kylian la próxima gran estrella del fútbol? ¡Que empiece la batalla!

A nivel de clubes, ahora eran compañeros en el PSG, pero, en el torneo, lucharían por encumbrar a sus respectivos países a la cima del fútbol mundial. En la Copa Mundial 2018, el joven Kylian había aterrorizado a Argentina con su velocidad y con su talento, pero, ahora, eran un equipo muy distinto, tal y como se evidenció cuando Francia se vio 2-0 por debajo en el marcador.

¡Noooo! Kylian no podía creerse cómo estaba jugando su selección. ¿Dónde estaban la pasión, la energía y la organización? A falta de 15 minutos, seguían perdiendo 2-0 y la derrota parecía inevitable, aunque Kylian no perdía la esperanza.

Entonces, llegó la ocasión para que el equipo galo volviera a meterse en el encuentro. Cuando a Francia le señalaron un penalti, Kylian asumió la responsabilidad y, con toda la calma del mundo, mandó el balón al fondo de la red, ajustado al palo: 2-1. ¡Aún había esperanza! Kylian esprintó de vuelta al centro del campo con el balón bajo un brazo y el otro puño en alto.

Allez les Bleus!

A Francia todavía le quedaba tiempo de sobra para buscar el empate, y lo consiguieron enseguida, porque su superestrella con el dorsal 10 había despertado. Apenas unos segundos después del saque de centro, Kylian bajó el balón de cabeza para Randal Kolo Muani, que lo bombeó por encima de un defensor para combinar de nuevo con Kylian, quien se lanzó para marcar de volea.

¡Menudo golazo! Esa vez, Kylian lo celebró por todo lo alto. Salió corriendo con los brazos abiertos y, luego, se plantó durante un buen rato delante de la afición, que rugía enloquecida. Gracias a sus dos goles, Francia seguía con vida en la final de la Copa Mundial. ¿Podrían rematar la hazaña y llevarse el título?

La batalla entre las dos grandes estrellas del fútbol continuó. Cuando Messi empujó el balón a la red al inicio de la prórroga, la afición francesa se temió lo peor, pero, diez minutos después, Kylian provocó un penalti y, con todavía más presión sobre sus jóvenes hombros, volvió a asumir la responsabilidad. Con una enorme sangre fría, colocó de nuevo el balón en la misma esquina de antes: ¡3-3!

¡Increíble! Acababa de firmar un *hat-trick* en una final de la Copa Mundial para salvar a Francia. Pero la gesta de Kylian aún no había terminado. Tras 120 minutos de fútbol trepidante, el torneo se decidiría de la forma más dramática posible, en la tanda de penaltis.

«Yo lanzo el primero», les dijo a sus compañeros en el corro.

¿Lograría anotar un tercer penalti en el mismo partido y ante el mismo portero? Kylian se dirigió hacia el punto de penalti con confianza y volvió a mandar la pelota al fondo de la red por el mismo lugar que en los dos penaltis precedentes.

Pero Messi tampoco falló. Francia 1-1 Argentina.

Ahora les tocaba al resto. Kylian solo podía observar, con el corazón en un puño, desde el centro del campo, mientras sus compañeros se acercaban para lanzar y... fallaban.

«¡Qué mala suerte! ¡Pero esto aún no ha acabado!», trató de animar Kylian al equipo.

No obstante, pronto, Gonzalo Montiel tuvo la oportunidad de anotar el penalti definitivo, y la aprovechó. ¡Argentina era la nueva campeona del mundo!

¡NOOOOO! Mientras los jugadores argentinos celebraban la gesta a su alrededor, Kylian permanecía allí solo, con una mano tapándose la boca, congelado por la decepción. Francia se había quedado a un pasito de revalidar la Copa Mundial, pero, al final y a pesar de los tres goles de Kylian (más un penalti en la tanda definitiva), no había sido posible.

Pese al dolor, Kylian intentó centrarse en lo positivo:

1. Había tenido una actuación inolvidable en la final, quizá la mejor de la historia.

2. Acababa de ganar la Bota de Oro del torneo gracias a sus ocho goles.

3. ¡Y tenía solo 23 años!

Ya había logrado grandes gestas en el fútbol y aún le quedaban muchos torneos importantes por delante con Francia, empezando por la EURO 2024... Kylian estaba deseoso de que empezara la siguiente competición, ¡porque sería la primera como nuevo capitán de Francia! Tras la retirada de Hugo Lloris, Deschamps había decidido entregarle el brazalete a Kylian, y él tuvo el honor de liderar al equipo en su primer partido contra Austria.

Allez Les Bleus!

Las cosas empezaron bien para Kylian cuando su peligroso centro lo desvió a la red por un defensor austriaco: 1-0. Pero, justo cuando estaban a punto de conseguir la victoria, Kylian saltó a rematar de cabeza y su rostro chocó contra el hombro de un rival.

¡Auuuu!

Al salir del campo con la nariz rota y sangrando, los aficionados franceses temieron que su capitán pudiera perderse el resto del torneo. Pero no; Kylian regresó para el último partido de la fase de grupos contra Polonia, con una máscara negra a medida, e incluso marcó un penalti que llevó al equipo a la siguiente fase.

Francia logró imponerse a Bélgica y, a continuación, derrotó a la Portugal de Cristiano Ronaldo en los penaltis, pero ¿serían capaces también de superar al mejor equipo del torneo hasta la fecha, España, en las semifinales?

En el minuto ocho, Kylian colgó un centro precioso al segundo palo, y Kolo Muani remató de cabeza para poner a Francia por delante. Pero, después, llegó el momento de que otra joven estrella brillara: Lamine Yamal.

Primero, el prodigio de diecisiete años marcó un golazo para empatar, y, cuatro minutos después, su compañero Dani Olmo anotó el que resultaría ser el gol de la victoria para España.

Mientras caminaba cabizbajo por el campo tras el pitido final, Kylian no podía evitar preguntarse qué habría pasado si no se hubiera roto la nariz en su primer partido del torneo. Aunque, en el fondo, sabía que su equipo simplemente no había estado a la altura.

«Mi ambición era ser campeón de Europa, pero hemos fracasado», confesó a los medios con honestidad.

Kylian esperaba resarcirse en la Copa Mundial de 2026, pero, antes, le quedaba otro sueño de la infancia que cumplir…

CAPÍTULO 26

EL FICHAJE POR EL REAL MADRID

Con 14 años de edad, a un joven Kylian le preguntaron cuál era su gran sueño futbolístico. Y su respuesta fue jugar en el Real Madrid. Durante los diez años siguientes estuvo cerca de fichar por el gigante español en varias ocasiones, pero no fue hasta junio de 2024 cuando pudo cumplir su sueño.

A principios de mayo, Kylian anunció que dejaría el PSG al final de la temporada, tras siete años en los que ganó 15 títulos y estableció un nuevo récord del club con 256 goles.

«Nunca pensé que sería tan difícil anunciar que voy a dejar mi país, Francia, y la Ligue 1, pero creo que necesito un nuevo reto después de siete años», escribió en un emotivo mensaje a los aficionados.

¿Y dónde sería ese nuevo reto? En el Real Madrid, por supuesto. Kylian se marchaba al club blanco para convertirse en el último de sus galácticos, junto con Jude Bellingham, Vinicius Júnior y Rodrygo.

«Es un sueño hecho realidad», publicó Kylian en las redes sociales tras firmar un contrato de cinco años. «Estoy muy feliz y orgulloso de unirme al club de mis sueños… ¡No sé cómo expresar la enorme emoción que siento!».

Su gran presentación, sin embargo, tuvo que esperar, ya que primero puso rumbo a la EURO 2024 con Francia. Pero, por fin, el 16 de julio, una vez terminado el torneo, Kylian pudo saltar al césped del Bernabéu ante 80 000 aficionados, y presentarse como nuevo jugador del Real Madrid.

¡Guau, qué sensación! Estaba deseando empezar a jugar con el Madrid. Como el capitán del equipo, Luka Modrić, llevaba el dorsal 10, Kylian optó por el número nueve, que antes habían llevado dos de sus grandes ídolos futbolísticos: el brasileño Ronaldo y Cristiano Ronaldo. ¿Le daría suerte el nuevo dorsal? Kylian estaba a punto de descubrirlo al debutar con el Real Madrid en la Supercopa de la UEFA frente al Atalanta.

En la primera parte, tuvo una gran ocasión, pero un defensa italiano consiguió bloquear su disparo. Kylian se mantuvo tranquilo y confiado en que acabaría marcando. Y así fue. Mediada la segunda parte, tiró un desmarque y recibió un gran pase de Jude. Sin pensárselo dos veces, mandó un disparo potente a la escuadra.

¡2-0! ¡Goool!

Con los brazos abiertos, Kylian corrió hacia la afición del Real Madrid y se detuvo delante de ellos para llevar a cabo su icónica celebración. ¡Fue el inicio soñado!

Kylian logró su primer gol y su primer título con el conjunto blanco, y, unos meses más tarde, el Real Madrid también levantó la Copa Intercontinental. ¿Y ahora qué? La temporada anterior, el club había logrado el triplete, incluyendo el título de Liga y la Champions League. ¿Podrían superarse? Ese era el objetivo de Kylian, pero, lamentablemente, las cosas no salieron como esperaban.

Con tantos atacantes increíbles en el equipo, el Real Madrid veía puerta con mucha facilidad, pero se mostraba vulnerable en defensa, sobre todo ante rivales de primer nivel. En los dos primeros clásicos que disputó Kylian, el Barcelona los vapuleó: 0-4 en un partido de LaLiga en el Bernabéu, y 5-2 en la final de la Supercopa de España. Mientras tanto, en la Champions League, el Real Madrid cayó frente al Lille, frente al AC Milan y frente al Liverpool.

«¡Vamos, podemos dar mucho más!», intentaba animar Kylian a sus compañeros. Y es que, cuando todo funcionaba, eran absolutamente imparables…

En los octavos de final de la Champions, el Real Madrid venció al Manchester City 2-3 a domicilio en el Etihad. ¿Podrían ahora rematar la faena en casa, en el Bernabéu? ¡Por supuesto!

Kylian logró controlar un pase largo y mantuvo la sangre fría para picar el balón por encima del portero.

¡1-0!

A continuación, en un área abarrotada, se las ingenió para superar a dos defensas y disparar al ángulo inferior.

¡2-0!

Y, por último, tras partir de la banda derecha, Kylian dribló con maestría hasta internarse en el área y colocar el balón en la esquina opuesta con su pierna izquierda, la menos hábil.

¡3-0!

¡Kylian había logrado un nuevo *hat-trick* impresionante! Mostrando tres dedos, corrió hacia la afición con una gran sonrisa en el rostro.

«¡Eres un fenómeno!», lo felicitó Jude.

A pesar de esa gran actuación, la primera temporada de Kylian en el Real Madrid terminó en una profunda frustración. En la Champions League, el Arsenal los eliminó en los cuartos de final, mientras que su antiguo club, el PSG, ganó el torneo por primera vez en la historia. Y, en la final de la Copa del Rey, el Real Madrid cayó en la prórroga ante su eterno rival, el Barcelona.

«¡No, otra vez no!», se lamentó Kylian tras dejar escapar otro trofeo.

Solo les quedaba luchar por el título liguero. Pero, a pesar de que Kylian terminó como máximo goleador del campeonato doméstico con 31 goles, su equipo quedó a cuatro puntos del campeón, el Barcelona.

«Decepcionante, pero volveremos. ¡Hala Madrid!», escribió Kylian a los aficionados en las redes sociales.

Bajo la dirección de un nuevo entrenador, Xabi Alonso, el Real Madrid llegó a la Copa Mundial de Clubes de la FIFA 2025 en julio con grandes expectativas, pero, lamentablemente, volvió a repetirse la misma historia. En los cuartos de final, Kylian marcó el gol de la victoria contra el Borussia Dortmund, pero, en las semifinales, no pudo hacer nada para evitar que su nuevo equipo fuera goleado 4-0 por su antiguo club, el PSG.

El Real Madrid tenía mucho trabajo por delante si quería volver a conquistar los trofeos más importantes. No obstante, tras adueñarse de su dorsal preferido, el número 10, Kylian estaba más decidido que nunca a triunfar en el club blanco.

«NUEVA TEMPORADA. HAMBRIENTO POR LOGRAR ALGO GRANDE», anunció con optimismo.

AS MÓNACO (2015-17)

🏆 Ligue 1: 2016-17

	PARTIDOS	GOLES	ASISTENCIAS
TOTAL	60	27	16

PARIS SAINT-GERMAIN FC (2017-24)

🏆 Ligue 1: 2017-18, 2018-19, 2019-20, 2021-22, 2022-23 y 2023-24

🏆 Copa de Francia: 2017-18, 2019-20, 2020-21 y 2023-24

🏆 Copa de la Liga: 2017-18 y 2019-20

*Datos actualizados a 26 de marzo de 2026

🏆 Supercopa de Francia: 2019-20, 2020-21 y 2023-24

	PARTIDOS	GOLES	ASISTENCIAS
TOTAL	308	256	110

REAL MADRID CF (2024-ACTUALIDAD)

🏆 Supercopa de Europa: 2024-25

🏆 Copa Intercontinental de la FIFA: 2024

	PARTIDOS	GOLES	ASISTENCIAS
TOTAL	94	82	11

TOTALES A NIVEL DE CLUBES

	PARTIDOS	GOLES	ASISTENCIAS
TOTAL	462	365	137

SELECCIÓN NACIONAL DE FRANCIA

🏆 Copa Mundial 2018

🏆 Liga de Naciones de la UEFA 2021

	PARTIDOS	GOLES	ASISTENCIAS
TOTAL	95	56	40

RESUMEN GENERAL

	PARTIDOS PROFESIONALES (CLUB + SELECCIÓN)	GOLES	ASISTENCIAS
TOTAL	557	421	177

MBAPPÉ

7 y 10 **FICHA PERSONAL**

NOMBRE: Kylian Mbappé

FECHA DE NACIMIENTO: 20 de diciembre de 1998

LUGAR DE NACIMIENTO: Bondy

NACIONALIDAD: francesa

MEJOR AMIGO: Achraf Hakimi

CLUB ACTUAL: Real Madrid

DORSAL ACTUAL: 10

POSICIÓN: delantero

ESTADÍSTICAS*

Altura (cm):	**178**
Partidos con sus clubes:	**460**
Goles con sus clubes:	**365**
Trofeos con sus clubes:	**17**
Partidos internacionales:	**94**
Goles internacionales:	**55**
Trofeos internacionales:	**2**
Balones de Oro:	**0**

★★★ **CALIFICACIÓN: 89** ★★★

*Datos actualizados a 26 de marzo de 2026

LAS CINCO MEJORES ACTUACIONES DE KYLIAN MBAPPÉ

1 14 DE AGOSTO DE 2024, REAL MADRID 2-0 ATALANTA

En su primer partido oficial con la camiseta del Real Madrid, Kylian no tardó en dejar su impronta. Tras un encuentro intenso y muy esperado, marcó el segundo gol del partido con una definición precisa dentro del área, que celebró con emoción. Aquel tanto cerró la victoria y confirmó que el nuevo fichaje estaba listo para asumir el protagonismo desde el primer día.

2 12 DE ENERO DE 2025, REAL MADRID 4-1 FC BARCELONA

Kylian firmó una noche inolvidable en la final ante su gran rival del clásico. Marcó tres goles y demostró velocidad, frialdad en la definición y un gran instinto goleador. Su actuación fue decisiva para que el Real Madrid se proclamara campeón, y, además, ratificó su capacidad para brillar en los partidos más importantes.

3 21 DE FEBRERO DE 2017, MANCHESTER CITY 5-3 AS MÓNACO

Este fue el día en el que Kylian pasó de ser el centro de todas las miradas en el fútbol francés a serlo en el ámbito del fútbol mundial. El Manchester City ganó el partido, pero la velocidad y la habilidad de Kylian le causaron muchos problemas. Incluso tuvo la serenidad para marcar un fantástico primer gol en competiciones europeas.

4 31 DE MARZO DE 2018, PSG 3-0 AS MÓNACO

Kylian se marchó al PSG con la intención de ganar más trofeos importantes. En su primera temporada con su nuevo club, el PSG no ganó la Champions League, pero sí el triplete francés. Kylian fue el mejor jugador del partido en la final de la Copa de la Liga contra su antiguo club, el AS Mónaco. Con uno de sus regates mortales provocó un penalti tempranero y, luego, dio sendas asistencias a Ángel Di María y a Edinson Cavani.

5 15 DE JULIO DE 2018, FRANCIA 4-2 CROACIA

Kylian no estaba en su mejor momento para el partido contra Croacia, pero, aun así, consiguió lo que quería: un gol en la final del Mundial y la medalla de campeón. En la segunda mitad, Kylian recibió el balón justo fuera del área y metió un disparo por la escuadra. ¡GOL! ¡Menuda manera de culminar su primer gran torneo con Francia!

PONTE A PRUEBA...

PREGUNTAS

1. ¿Qué deporte practicaba la madre de Kylian?

2. ¿Quién era el ídolo de la infancia de Kylian?

3. ¿Cuáles fueron los dos mejores clubes europeos que visitó Kylian antes de fichar por el AS Mónaco?

4. ¿Qué edad tenía Kylian cuando debutó con el primer equipo del Mónaco?

5. ¿Cómo se llamaba el compañero de Kylian en la delantera de Francia cuando ganó la Eurocopa sub-19?

6. ¿Cómo se llamaba el compañero de Kylian en la delantera del AS Mónaco cuando ganó la Ligue 1?

7. ¿Contra qué país debutó Kylian con la selección francesa?

8. Nombra dos clubes (además del PSG) que intentaron fichar a Kylian en el verano de 2018.

9. Kylian ganó cuatro trofeos en su primera temporada en el PSG. ¿Verdadero o falso?

10. ¿Cuántos goles marcó Kylian en el Mundial de 2018?

11. Kylian ganó el premio al mejor jugador joven de la Copa Mundial de la FIFA, pero ¿quién consiguió el premio al jugador del año de la FIFA?

SOLUCIONES: 1: El balonmano; **2:** Cristiano Ronaldo; **3:** El Chelsea y el Real Madrid; **4:** 16 años y 347 días; **5:** Jean-Kévin Augustin; **6:** Radamel Falcao; **7:** Contra Luxemburgo; **8:** El Arsenal, el Liverpool, el Manchester City y el Real Madrid; **9:** Falso; solo ganó tres, pero, de todos modos, posó con los cuatro trofeos del PSG; **10:** Cuatro; **11:** Luka Modrić

JUEGA COMO TUS ÍDOLOS

EL ESPRINT CON EL BALÓN DE KYLIAN MBAPPÉ

PASO 1: Retrocede para ayudar a tu equipo en defensa. De esta forma, también tienes más espacio para el contraataque.

PASO 2: Mantente alerta en todo momento. Si un rival falla un pase o tu equipo recupera el balón, tienes que estar preparado para arrancar…

PASO 3: ¡ZUM! Tu primera aceleración es muy importante. Ábrete paso con fuerza para superar a tantos defensas como puedas.

PASO 4: Bien, ¿y ahora? Si puedes superar la última línea de defensa con tu velocidad, ¡adelante!

PASO 5: Si no, tendrás que valerte de tus habilidades para el regate. ¡Amaga, recorta, esquiva, ZUM!

PASO 6: Ya estás cara a cara con el portero, así que mantén la calma. Elige el palo y dispara.

PASO 7: ¡GOL! ¡A celebrarlo! Corre hacia la grada, cruza los brazos sobre el pecho y procura parecer lo más guay posible.